Elemente der Politik

Reihe herausgegeben von
Hans-Georg Ehrhart, Institut für Friedensforschung und
Sicherheitspolitik, Universität Hamburg, Hamburg, Deutschland
Bernhard Frevel, Verwaltung NRW, Fachhochschule für
öffentliche Verwaltung NRW, Münster, Deutschland
Klaus Schubert, Institut für Politikwissenschaft, Westfälische
Wilhelms-Universität, Münster, Deutschland
Suzanne S. Schüttemeyer, Halle-Wittenberg, Martin-Luther-
Universität Halle-Wittenberg, Halle, Deutschland

Die ELEMENTE DER POLITIK sind eine politikwissenschaftliche Lehrbuchreihe. Ausgewiesene Experten und Expertinnen informieren über wichtige Themen und Grundbegriffe der Politikwissenschaft und stellen sie auf knappem Raum fundiert und verständlich dar. Die einzelnen Titel der ELEMENTE dienen somit Studierenden und Lehrenden der Politikwissenschaft und benachbarter Fächer als Einführung und erste Orientierung zum Gebrauch in Seminaren und Vorlesungen, bieten aber auch politisch Interessierten einen soliden Überblick zum Thema.

Weitere Bände in der Reihe http://www.springer.com/series/12234

Werner Reutter

Die deutschen Länder

Eine Einführung

Werner Reutter
Institut für Sozialwissenschaften
Humboldt-Universität zu Berlin
Berlin, Deutschland

ISSN 2627-2903 ISSN 2627-2911 (electronic)
Elemente der Politik
ISBN 978-3-658-29813-5 ISBN 978-3-658-29814-2 (eBook)
https://doi.org/10.1007/978-3-658-29814-2

Die Deutsche Nationalbibliothek verzeichnet diese Publikation in der Deutschen Nationalbibliografie; detaillierte bibliografische Daten sind im Internet über http://dnb.d-nb.de abrufbar.

© Springer Fachmedien Wiesbaden GmbH, ein Teil von Springer Nature 2020
Das Werk einschließlich aller seiner Teile ist urheberrechtlich geschützt. Jede Verwertung, die nicht ausdrücklich vom Urheberrechtsgesetz zugelassen ist, bedarf der vorherigen Zustimmung des Verlags. Das gilt insbesondere für Vervielfältigungen, Bearbeitungen, Übersetzungen, Mikroverfilmungen und die Einspeicherung und Verarbeitung in elektronischen Systemen.
Die Wiedergabe von allgemein beschreibenden Bezeichnungen, Marken, Unternehmensnamen etc. in diesem Werk bedeutet nicht, dass diese frei durch jedermann benutzt werden dürfen. Die Berechtigung zur Benutzung unterliegt, auch ohne gesonderten Hinweis hierzu, den Regeln des Markenrechts. Die Rechte des jeweiligen Zeicheninhabers sind zu beachten.
Der Verlag, die Autoren und die Herausgeber gehen davon aus, dass die Angaben und Informationen in diesem Werk zum Zeitpunkt der Veröffentlichung vollständig und korrekt sind. Weder der Verlag, noch die Autoren oder die Herausgeber übernehmen, ausdrücklich oder implizit, Gewähr für den Inhalt des Werkes, etwaige Fehler oder Äußerungen. Der Verlag bleibt im Hinblick auf geografische Zuordnungen und Gebietsbezeichnungen in veröffentlichten Karten und Institutionsadressen neutral.

Planung/Lektorat: Jan Treibel
Springer VS ist ein Imprint der eingetragenen Gesellschaft Springer Fachmedien Wiesbaden GmbH und ist ein Teil von Springer Nature.
Die Anschrift der Gesellschaft ist: Abraham-Lincoln-Str. 46, 65189 Wiesbaden, Germany

Inhaltsverzeichnis

1 **Einleitung: die deutschen Länder zwischen Vielfalt und Einheit** ... 1
  1.1 Zur Einführung in das Thema ... 1
  1.2 Gang der Untersuchung und Ziele der Darstellung ... 4

2 **Die Länder: wie sie wurden, was sie sind** ... 9
  2.1 Vorgeschichten: die Länder zwischen Ende und Anfang ... 9
  2.2 Ländergrenzen: Neugliederung, Zusammenschlüsse, Beitritte und deutsche Vereinigung ... 21
  2.3 Gleichwertigkeit der Lebensverhältnisse, Unitarismus und Unterschiede: Gesellschaft, Wirtschaft und Kultur in den Ländern ... 29

3 **Bund und Länder: verfassungsrechtliche Grundlagen und politikwissenschaftliche Erklärungsansätze** ... 37
  3.1 Grundgesetz: Länder im deutschen Bundesstaat ... 37
  3.2 Landesverfassungen: die politischen Ordnungen in den Ländern ... 43
  3.3 Länder und Bundesstaat in politikwissenschaftlichen Theorien ... 52

4 Repräsentative und direkte Demokratie in den Ländern: Ergänzung oder Widerspruch? 59
4.1 Wahlen und Demokratie in den Ländern 59
4.2 Abstimmungen: direkte Demokratie in den Ländern 69

5 Parteien und Parteiensysteme in den Ländern 77
5.1 Zur Stellung von Parteien in den Ländern 77
5.2 Aufgaben von Landesparteien 80
5.3 Parteiensysteme in den Ländern: Strukturen und Entwicklung 83

6 Parlamente, Regierungen und Verfassungsgerichte: Gewaltengliederung in den Ländern 93
6.1 Gewaltengliederung in den Ländern 93
6.2 Landesparlamente: die legislative Gewalt 95
    6.2.1 Aufbau und Arbeitsweise.............. 95
    6.2.2 Aufgaben: „Reden und Handeln" 99
6.3 Landesregierungen und Landesverwaltungen: die exekutive Gewalt 108
    6.3.1 Aufbau und Arbeitsweise.............. 108
    6.3.2 Aufgaben: Lenken und Leiten 112
6.4 Landesverfassungsgerichte: die judikative Gewalt 117
    6.4.1 Aufbau und Arbeitsweise.............. 119
    6.4.2 Aufgaben: Verfassung und Politik 122

7 Die Länder im Bund und in Europa 125
7.1 Der Bundesrat: die Länderkammer im Bund..... 125
7.2 Horizontale und vertikale Koordination: die Länder im Bund und in Europa 135

8 Die Länder und Demokratie im deutschen Bundesstaat 139

Kommentierte Literatur. 143

Literaturverzeichnis 147

Einleitung: die deutschen Länder zwischen Vielfalt und Einheit

1

Zusammenfassung

Das Lehrbuch betrachtet den deutschen Bundesstaat aus der Perspektive der Länder. Im ersten Kapitel wird in das Thema eingeführt, und es wird der Begriff des Bundesstaates erläutert. Außerdem wird der Aufbau des Buches vorgestellt.

1.1 Zur Einführung in das Thema

Glaubt man Umfragen, sind die Länder und ist der Bundesstaat in Deutschland nicht besonders beliebt. Die Bertelsmann-Stiftung wollte 2007 von insgesamt 4015 Personen wissen, ob sie die Länder für verzichtbar hielten, „weil sich der Bund und die Europäische Union mit den wirklich wichtigen Fragen befassen" würden. Jede vierte Befragte stimmte dieser Aussage „eher zu" und hielt die Länder für „überflüssig" oder für „verzichtbar" (Bertelsmann-Stiftung 2008, S. 16). Außerdem kann sich nur eine Minderheit der Einwohnerinnen und Einwohner Deutschlands mit einem Land identifizieren. Nur rund 11 % – in anderen Umfragen waren es 12 bzw. 13 % – gaben an, sich in „erster Linie" dem Land zugehörig zu fühlen, in dem der oder die Befragte zum Zeitpunkt der Umfrage wohnte (Bertelsmann-Stiftung 2008, S. 13; Köcher 2012, S. 761; Petersen 2019, S. 124). Europa scheint den Menschen sogar näher als ihr eigenes Bundesland. Denn in beiden

Umfragen fühlten sich 14 bzw. 17 % als Europäer. Der Bundesstaat scheint also wenig „Strahlkraft" zu besitzen (Grube 2009, S. 160; Petersen 2019).

Skepsis gegenüber den Ländern und dem Bundesstaat ist aber nicht nur Teil der öffentlichen Meinung. Sie ist auch in der Politikwissenschaft verbreitet. Fritz W. Scharpf, einer der profiliertesten Kenner – und schärfsten Kritiker – des deutschen Föderalismus, konstatierte 2009 ernüchtert, dass es in der Bundesrepublik Deutschland zwar Föderalismus gebe, aber keine Föderalisten (Scharpf 2009, S. 117). Damit meinte Scharpf, dass die Länder sogar die wenigen Zuständigkeiten, die ihnen verblieben seien, kaum in Anspruch nehmen würden. Viel lieber als Kompetenzen „autonom zu nutzen" würden die Länder „im Wege der Selbstkoordination nach bundeseinheitlichen Lösungen" suchen (Scharpf 2009, S. 117). Der frühere Minister für Wissenschaft, Wirtschaft und Verkehr von Schleswig-Holstein Dietrich Austermann war zehn Jahre später nicht weniger frustriert. Er forderte sogar: „Schafft die Länder ab, denn so war der Föderalismus nicht gedacht!" Den Ländern, so Austermann, seien „faktisch […] fast alle Teile der materiellen Gesetzgebung entzogen" worden, es fehle zudem eine „klare Trennung der Finanz- und Entscheidungskompetenzen zwischen Bund und Ländern" und „mehr Mitbestimmung der Parlamente" (Austermann 2019, S. 434). Würde es das Grundgesetz in der Ewigkeitsklausel nicht verbieten, sollten wir uns von Ländern und damit vom Bundesstaat einfach verabschieden (Austermann 2019, S. 437).

Wissenschaft und öffentliche Meinung scheinen also übereinzustimmen: Die Gliedstaaten in der Bundesrepublik Deutschland sind bedeutungslos, weil alles im Bund oder durch die EU entschieden wird (oder werden sollte). Zudem wird der Bundesstaat als ineffektiv betrachtet, weil Entscheidungen zu lange dauern und immer nur einen kleinen gemeinsamen Nenner hervorbringen. Und Bürgerinnen und Bürgern scheint es offenbar ohnehin gleichgültig, ob sie in einem Bundesland leben oder in einem Einheitsstaat.

Aber (und dies ist ein großes „Aber"): Die Bürgerinnen und Bürger sind mit ihren Ländern keineswegs nur unzufrieden. So waren in der bereits oben zitierten Umfrage des Instituts für Demoskopie 75 % der Befragten in dem Land geboren, in dem sie lebten. Und von den 25 %, die in ein anderes Bundesland gezogen waren, wohnte mehr als die Hälfte schon 25 Jahre oder länger in der neuen Heimat (Köcher 2012, S. 761). Regionale Verbundenheit und Heimatgefühl mögen auch die Gründe dafür sein, dass es bisher nur wenige Versuche gab, der Aufforderung Austermanns wenigstens teilweise Folge zu leisten und Länder zusammenzulegen. Seit Bestehen der Bundesrepublik Deutschland waren nur zwei solcher Versuche zu verzeichnen. Der erste war 1952 erfolgreich und führte zum heute noch bestehenden Land Baden-Württemberg; der zweite scheiterte daran, dass 1996 die Mehrheit der Brandenburgerinnen und Brandenburger mit dem hochverschuldeten Stadtstaat Berlin nicht fusionieren wollte. Länder scheinen also über eine erstaunliche Bestandskraft zu verfügen und ihre Einwohnerinnen und Einwohner lange an sich binden zu können. Hans-Georg Wehling (2006, S. 7) weist zudem darauf hin, dass für den „Alltag der Menschen" der Politik in den Ländern eine „zentrale Rolle" zukomme. Die Länder seien aufgrund ihrer „inhaltlichen Zuständigkeiten" (ebda.) wichtig. Schließlich ist zu erwähnen, dass im internationalen Vergleich die Bundesrepublik Deutschland als dezidiert föderal und dezentralisiert eingestuft wird (Lijphart 1999, S. 186–191; Krumm 2015, S. 165).

Ein Gegenstand – zwei Auffassungen. Das sind gute Voraussetzungen, um sich näher mit den deutschen Ländern zu beschäftigen, zumal Bürgerinnen und Bürger – wie etwa die Bertelsmann-Umfrage (2008) zeigt – nur teilweise die Möglichkeiten und Grenzen von Landespolitik kennen. Mit dem Lehrbuch soll diesem Mangel abgeholfen werden. Es soll einen Einblick geben in und informieren über die deutschen Länder, ihre Geschichte, ihre verfassungsrechtlichen Grundlagen, ihre politischen Ordnungen und ihre Beziehungen zum Gesamtstaat Bundesrepublik Deutschland. Zunächst soll aber der Aufbau des Lehrbuches erläutert werden.

1.2 Gang der Untersuchung und Ziele der Darstellung

Ein Bundesstaat ist „eine Zusammenfassung mehrerer staatlicher Organisationen und Rechtsordnungen, nämlich derjenigen der mit eigener Staatsgewalt begabten Gliedstaaten und derjenigen des Gesamtstaates" (Vogel 1995, S. 1043). Die Bundesrepublik Deutschland ist nach dieser Definition ein Bundesstaat, weil sie aus einem Bund (dem Gesamtstaat) sowie 16 Gliedstaaten (den Ländern) besteht. Ein Bundesstaat unterscheidet sich vom Einheitsstaat (wie z. B. Frankreich), weil Letzterer nur eine „einheitliche staatliche Organisation und Rechtsordnung" kennt, und vom Staatenbund, weil dieser keine staatliche Einheit bildet (Vogel 1995, S. 1043). Anders gesagt: dem Einheitsstaat fehlt die (rechtliche) Vielfalt, dem Staatenbund die (rechtliche) Einheit.

Die Darstellung orientiert sich an diesem Begriffspaar: Vielfalt und Einheit. Mit den beiden Begriffen werden Bundesstaaten im Allgemeinen und der deutsche Föderalismus im Besonderen umschrieben. In bundesstaatlichen Ordnungen soll die Vielfalt von Gliedstaaten bewahrt und gleichzeitig die Einheit des Gesamtstaates garantiert werden. Schon aus dieser eher allgemeinen Beschreibung wird deutlich, dass eine bundesstaatliche Konstruktion zu Spannungen führen kann (und soll). Denn aus einer solchen Konstruktion ergibt sich eine ganze Reihe von Notwendigkeiten und Zwängen, die Konflikte zwischen Gliedstaaten und Zentralstaat geradezu unausweichlich machen. Typische Fragen in diesem Zusammenhang sind etwa: Welche Aufgaben werden vom Zentralstaat und welche von den Gliedstaaten erfüllt? Welche Rechte stehen den Gliedstaaten zu (in unserem Fall also den Ländern)? Und welche Pflichten haben sie gegenüber dem Gesamtstaat? Wie werden Konflikte zwischen Bund und Ländern, aber auch zwischen Ländern gelöst? Wie wirken die Gliedstaaten bei der Willensbildung des Zentralstaates mit? In Bundesstaaten wie den USA, der Schweiz, Österreich oder eben der Bundesrepublik Deutschland finden all diese Fragen unterschiedliche Antworten (Krumm 2015).

1.2 Gang der Untersuchung und Ziele der Darstellung

In der deutschen Föderalismusforschung werden vorwiegend die Beziehungen zwischen Bund und Ländern betrachtet. Einschlägige Untersuchungen konzentrieren sich somit vor allem auf eine Dimension des deutschen Bundesstaates: auf die Einheitsbildung. Die Länder werden in dieser Perspektive als Bestandteile des Staatsaufbaus betrachtet. Ihre politische, kulturelle und soziale Vielfalt wird dagegen häufig als weniger wichtig angesehen. In Austermanns Polemik wird dies ebenso deutlich wie im Begriff des „unitarischen Bundesstaates" (Hesse 1962) oder in der Behauptung, wir lebten in einem „verkappten Einheitsstaat" (Abromeit 1992). Und auch in der weiteren Darstellung wird immer wieder auf diese Dimension hingewiesen.

Jeder, der schon einmal von Bayern nach Bremen oder von Bremen nach Bayern gezogen ist, mag sich allerdings irritiert fragen, wie das sein kann. Denn die Schulsysteme und die Qualität der Schulen unterscheiden sich zwischen den beiden Ländern ebenso wie die Verwaltungen, die Wirtschaftskraft oder die religiöse Bindung der Einwohnerinnen und Einwohner. Und Rechtswissenschaftler und Rechtsanwälte, die sich z. B. mit Verwaltungsrecht beschäftigen, beklagen die Vielfalt von Vorschriften und Unterschieden zwischen den Ländern (Winterhoff 2012).

Im Weiteren wird der deutsche Föderalismus ebenfalls aus der Perspektive der Länder betrachtet. In diesem Lehrbuch geht es daher nicht primär um den Bundesstaat, dem meist das Adjektiv „kooperativ" beigefügt wird, weil Länder und Bund in unterschiedlichen Formen zusammenarbeiten müssen. Vielmehr sind die deutschen Länder Gegenstand der Darstellung. Beschrieben und analysiert werden sollen ihre Rolle im und ihre Bedeutung für den demokratischen Bundesstaat. Betont wird mithin die Vielfalt im Bundesstaat, und herausgearbeitet werden die Unterschiede, aber auch die Gemeinsamkeiten zwischen den Ländern. Dies schließt gesellschaftliche und wirtschaftliche Dimensionen ebenso ein (Kap. 2) wie politische und verfassungsrechtliche Grundlagen (Kap. 3 bis 6).

Vorab ist einem Missverständnis vorzubeugen. Länder sind nicht mit Regionen in anderen Mitgliedsstaaten in der Europäischen Union gleichzusetzen. Die deutschen Länder sind im europäischen Vergleich einzigartig. Europa ist „landesblind". Die europäischen Verträge kennen nur Regionen. Bekanntlich ist nur eine Minderheit der EU-Mitgliedsländer föderal strukturiert. Bei dem im Weiteren unterlegten Verständnis sind gerade einmal Belgien, Österreich und die Bundesrepublik Deutschland als Bundesstaaten zu qualifizieren. Manche betrachten auch Spanien als einen „unechten" föderalen Staat (Krumm 2015). Und einige glauben, Föderalismus sei sowieso nur ein staatliches Organisationsprinzip, das dezentralen Einheiten lediglich eine besondere Bedeutung verleiht. In dieser Perspektive ist Föderalismus kaum anders zu betrachten als der Regionalismus im französischen Einheitsstaat oder die „Devolution" im „asymmetrischen Bundesstaat" Großbritanniens. Die weitere Darstellung fußt auf einem anderen Verständnis. Im Vordergrund steht die Frage, ob und inwieweit der Bundesstaat in den Ländern die Voraussetzungen findet für „politische Selbstbestimmung", d. h. für Demokratie. Es geht also um die demokratische Qualität des Bundesstaates, soweit sich diese Qualität auf der Ebene der Länder manifestiert. Die Länder werden als Elemente der demokratischen Ordnung der Bundesrepublik Deutschland betrachtet.

Die weitere Darstellung erfolgt in sieben Schritten. Das zweite Kapitel vermittelt Informationen zu den 16 Ländern. Es bietet einen Überblick über die Entstehung der Länder, über ihre Entwicklung und über zentrale ökonomische, soziale und kulturelle Merkmale. Das dritte Kapitel fragt nach dem Beitrag der Länder für die Verfassungsordnung der Bundesrepublik Deutschland. Dargestellt werden in diesem Kapitel die verfassungsrechtliche Stellung der Länder nach dem Grundgesetz, die Bedeutung der Landesverfassungen sowie einschlägige politikwissenschaftliche Erklärungsansätze. Das vierte Kapitel beschäftigt sich mit den Wählerinnen und Wählern in den Ländern und arbeitet heraus,

1.2 Gang der Untersuchung und Ziele der Darstellung

wie das „Volk"[1] in den Ländern mitwirkt (zumindest mitwirken könnte, wenn es denn wollte). Insbesondere wird analysiert, ob und inwieweit repräsentative und direktdemokratische Verfahren sich gegenseitig ausschließen oder ergänzen. Das fünfte Kapitel beschäftigt sich mit den Parteien. Es gibt einen Überblick über Aufgaben und Entwicklung der Parteien und der Parteiensysteme in den 16 Ländern. Das sechste Kapitel stellt die Verfassungsorgane in den Ländern dar und fragt danach, wie die Gliederung der Gewalten auf dieser staatlichen Ebene funktioniert. Das Kapitel beschreibt die Bedeutung von Landesparlamenten, untersucht Landesregierungen und analysiert die Rolle von Landesverfassungsgerichten. Das siebte Kapitel beschäftigt sich mit Mechanismen der Einheitsbildung, dem Bundesrat sowie der Bedeutung der Europäischen Union für die deutschen Länder. Das achte Kapitel diskutiert abschließend den Beitrag der Länder zur Demokratie in Deutschland.

Die vorliegende Darstellung schließt an Untersuchungen an, die ich im Laufe der letzten beiden Jahrzehnte durchgeführt habe (z. B. Reutter 2008, 2018a, b; Reutter 2012; Leunig und Reutter 2012). Im Weiteren werde ich mich auf diese und weitere von mir veröffentlichte Studien immer wieder beziehen; teilweise übernehme ich dort angestellte Überlegungen oder führe diese in mehr oder weniger geänderter Weise fort.

Der vorliegende Band der Lehrbuchreihe „Elemente der Politik" soll insbesondere Studierende der Politik-, Sozial-, Rechts- und Geisteswissenschaften in die Grundlagen der Politik in den Ländern einführen. Das Format der Lehrbuchreihe verlangt, dass ein Thema ebenso knapp wie abgeschlossen behandelt wird. Die Darstellung muss sich folglich auf das

---

[1] Der Volksbegriff ist – wieder einmal – politisch hoch aufgeladen. In dieser aufgeladenen Version ist „Volk" eine politische Gemeinschaft mit ethnisch homogenen Mitgliedern. Eine solches Verständnis ist soziologisch, demokratietheoretisch und verfassungsrechtlich sinnlos. In einer pluralistischen Gesellschaft kann sich freie Selbstbestimmung nur entfalten, wenn gesellschaftliche Heterogenität, Diversität und Interessenvielfalt anerkannt werden.

Wesentliche konzentrieren, also auf das, was den inhaltlichen Kern des jeweiligen Kapitels ausmacht. Das zwingt zu typisierenden Verallgemeinerungen. Eine solche Typisierung steht allerdings im Kontrast zu einer Grundbotschaft des Lehrbuches: nämlich der Vielfalt der Länder. Ich habe versucht, beiden Anforderungen gerecht zu werden.

Noch zwei Bemerkungen zu Begrifflichkeiten: Das Grundgesetz kennt nur Länder, keine Bundesländer. So ist der zweite Abschnitt des Grundgesetzes mit der Überschrift „Der Bund und die Länder" versehen, und der Bundesrat besteht aus den Regierungen der Länder (Art. 51 Abs. 1 GG). Es ließen sich noch leicht weitere Beispiele anführen. Damit wird angedeutet, dass die Länder nicht „des" Bundes sind, sondern aus eigenem Recht bestehen, wie der frühere Ministerpräsident von Thüringen Dieter Althaus offenbar gerne betonte (Leunig 2012, S. 19). Ich werde im Weiteren allerdings beide Begriffe ebenso benutzen wie den Begriff des „Gliedstaates", der ebenfalls im Grundgesetz nicht vorkommt, aber in einigen Landesverfassungen (so etwa in der Verfassung von Baden-Württemberg oder von Bayern). Außerdem ist zu erwähnen, dass ich meist zwar das generische Maskulinum verwende, also die männliche Form, bei der Frauen oder Personen mit anderer geschlechtlicher Orientierung mitgemeint sind. Bisweilen nenne ich aber auch beide Geschlechter (z. B. Politikerinnen und Politiker) oder benutze das generische Femininum. Es kann aber auch sein, dass ich über „Politiker*innen" – bzw. andere Gruppen – schreibe. Welche Form auch immer ich gewählt habe, stets sind alle Vertreterinnen, alle Vertreter, alle Vertreter/innen und alle Vertreter*innen der angesprochenen Gruppen eingeschlossen. Abgeschlossen wurde das Manuskript Ende Februar 2020, also noch vor Beginn der Maßnahmen zur Bekämpfung der Corona-Pandemie, die ja auch den deutschen Föderalismus vor neue Herausforderungen stellte. Die Reaktionen von Bund und Ländern auf diese Krise konnten nicht berücksichtigt werden.

Die Länder: wie sie wurden, was sie sind

Zusammenfassung

Vor der Bundesrepublik Deutschland und vor der Deutschen Demokratischen Republik gab es Länder. Das zweite Kapitel bietet einen Überblick über die Entstehung der Länder und ihren Beitrag zur Gründung der beiden deutschen Staaten 1949 sowie zur Ausarbeitung und Verabschiedung des Grundgesetzes bzw. zur Verfassung der Deutschen Demokratischen Republik. Außerdem stellt es dar: die Schaffung des Landes Baden-Württemberg, den Beitritt des Saarlandes zur Bundesrepublik Deutschland, die gescheiterte Fusion Berlins und Brandenburgs sowie den Beitritt der fünf neuen Länder zum Geltungsbereich des Grundgesetzes. Schließlich werden sozioökonomische und kulturelle Unterschiede zwischen den Bundesländern untersucht.

2.1 Vorgeschichten: die Länder zwischen Ende und Anfang

Die Ministerpräsidenten der 13 Flächenländer, der Erste Bürgermeister und Präsident des Senats der Freien und Hansestadt Hamburg, der Regierende Bürgermeister von Berlin sowie der Erste Bürgermeister und Präsident des Senats der Freien Hansestadt Bremen – oder kurz: die Regierungschefs der 16

Länder – betonen gerne, dass sie es waren, die die Bundesrepublik Deutschland gegründet hätten. Nun, natürlich nicht genau sie als Person, aber doch die Gebietskörperschaften, die sie repräsentieren. Und sie betonen dies zu Recht. Denn vor der Bundesrepublik Deutschland gab es Länder. Es waren die Vertreter der Länder – die damaligen Ministerpräsidenten und Bürgermeister – die von den Militärgouverneuren der amerikanischen, britischen und französischen Besatzungszone im Juli 1948 „autorisiert" wurden, eine „Verfassunggebende Versammlung" einzuberufen. In dieser Versammlung sollte eine „demokratische Verfassung" ausgearbeitet werden, um „für die beteiligten Länder eine Regierungsform des föderalistischen Typs" zu schaffen. So lautete der Auftrag der Militärgouverneure der drei westlichen Besatzungszonen an die Ministerpräsidenten der damals bestehenden elf westdeutschen Länder (Berlin hatte einen Sonderstatus).

Der Auftrag war in den „Frankfurter Dokumenten" enthalten, die die Ministerpräsidenten am 1. Juli 1948 ausgehändigt bekamen (Parlamentarischer Rat Bd. 1, 1975, S. 31–35).[1] Eine „Regierungsform föderalistischen Typs" sei am besten geeignet, die „gegenwärtig zerrissene deutsche Einheit [...] wieder herzustellen", und gleichzeitig „die Rechte der beteiligten Länder schützt" sowie „eine angemessene Zentralinstanz schafft". Das jedenfalls meinten die Militärgouverneure der westlichen Besatzungszone sowie Belgien, die Niederlande und Luxemburg, die in der sogenannten Londoner Sechs-Mächte-Konferenz 1948 beschlossen hatten, einen Weststaat zu gründen. Eine solche Verfassung müsse eine angemessene Zentralinstanz schaffen und die individuellen Rechte und Freiheiten ihrer Bürgerinnen und Bürger garantieren. Die Ministerpräsidenten der Flächenländer und die Bürgermeister

---

[1] Der Deutsche Bundestag hat zusammen mit dem Bundesarchiv alle Akten und Protokolle veröffentlicht, die vor und während der Beratungen im Parlamentarischen Rat entstanden sind (Parlamentarischer Rat 1975 ff.). Die Quellenedition umfasst 14 Bände, die ab 1975 veröffentlicht wurden; der letzte Band ist 2009 erschienen. Michael F. Feldkamp, der an dieser Edition beteiligt war, hat die wichtigsten Quellen noch einmal bei Reclam herausgegeben; Feldkamp 1999.

der Stadtstaaten Hamburg und Bremen erfüllten diesen Auftrag – allerdings nicht, ohne einige wichtige Änderungen vorzunehmen. Und nicht vergessen werden darf, dass auch in der Sowjetischen Besatzungszone, die 1949 zur Deutschen Demokratischen Republik werden sollte, fünf Gliedstaaten mit Verfassungen existierten. Diese historische Ausgangslage – manche nennen sie auch unzutreffend „Stunde Null" – prägt bis heute das Selbstverständnis der deutschen Länder in der Bundesrepublik Deutschland.

Faschismus und Zweiter Weltkrieg hatten das Deutsche Reich, das nach den Vorstellungen der Nationalsozialisten tausend Jahre hätte dauern sollen, nach zwölf Jahren zerstört zurückgelassen. Militärisch besiegt war das Dritte Reich schon lange vor der bedingungslosen Kapitulation am 8. Mai 1945. Folgerichtig wurde mit dieser Kapitulation, die einmal in Reims und ein anderes Mal in Berlin-Karlshorst erklärt wurde, keine Niederlage eingestanden, sondern das Ende des Dritten Reiches besiegelt und die Befreiung vom Faschismus eingeleitet. Was Faschismus und Krieg übriggelassen hatten, war eine „Zusammenbruchgesellschaft" (Kleßmann 1991, S. 37–65). Dies galt auch und besonders für die politische Ordnung und die politischen Institutionen.

Gliedstaaten gab es im Dritten Reich nicht. Nach der Machtübergabe an Hitler am 30. Januar 1933 durch die alten Eliten der Weimarer Republik waren zuerst die Verfassungsordnungen der damals bestehenden 17 Länder durch die Einsetzung von Reichsstatthaltern außer Kraft gesetzt worden. Eine Umwandlung der Länder erfolgte nach der Reichstagswahl vom 5. März 1933 durch die Gesetze vom 31. März 1933 und vom 7. April 1933. Mit dem Gesetz über den Neuaufbau des Reiches vom 30. Januar 1934 wurden die Länder gleichgeschaltet und dem Führerprinzip unterworfen. Die Länder waren dann, so Sven Leunig (2012, S. 25) zutreffend, ein „reiner Torso im Status von Verwaltungsorganen". Kriegswirtschaft und Kriegsfolgen vernichteten auch diesen Torso. Die Alliierten konnten im Mai 1945 daher auf keine funktionsfähigen politischen oder administrativen Strukturen zurückgreifen, schlossen allerdings teilweise an vorhandene verwaltungstechnische Grenzverläufe an. Zudem konnten sie sich auch auf keine einheitliche Besatzungspolitik gegenüber

Deutschland einigen (Glaeßner 2006, S. 31–34; Benz, W. 1989, S. 11–34; Hrbek 2019). Immerhin bestand in zweierlei Hinsicht Einigkeit: Preußen sollte als Hort des Militarismus und Autoritarismus aufgelöst werden; außerdem sollte es Deutschland unmöglich gemacht werden, noch einmal einen Krieg zu beginnen. Doch dieser Minimalkonsens ließ sich nur teilweise in praktische Politik übersetzen. Die Entwicklungen verliefen in den vier Besatzungszonen nach der bedingungslosen Kapitulation unterschiedlich (Tab. 2.1). Erst im Rückblick lassen sich Parallelen erkennen.

Für die Länder hatte dies eine doppelte Folge: Einerseits können die aktuell bestehenden Länder – abgesehen von wenigen Ausnahmen – auf keine historischen Vorläufer zurückblicken. Sie sind „weitgehend Kunstgebilde" (Sturm 2015, S. 74) oder wie Theodor Heuss, der erste Bundespräsident, einmal bemerkte, eher „originell" denn „originär" (Weichlein 2019, S. 18). Sie entstanden nach 1945 als Resultat militärischer und besatzungspolitischer Überlegungen. Dennoch entwickelten sie nach ihrer Gründung rasch Beharrungsvermögen. Abgesehen von Baden-Württemberg bestehen sie noch heute mehr oder weniger in den Grenzen, die sie 1949 schon besessen hatten, als die Bundesrepublik Deutschland bzw. die Deutsche Demokratische Republik gegründet wurden. Andererseits profitierten die 1945/1946 errichteten westlichen Länder von dem zentralen „Leitgedanken der westlichen Besatzungspolitik", nämlich die zu errichtende deutsche Herrschaftsordnung „von unten nach oben" aufzubauen, d. h. von den Gemeinden über die Kreise zu den Ländern (Laufer und Münch 2010, S. 68; Hrbek 2019). Das verschaffte den Ländern eine gestaltende Rolle bei der Gründung der Bundesrepublik Deutschland. Anders war dies in der Sowjetischen Besatzungszone.

Die Gründung der Länder, ihre Entwicklung und ihre sukzessive Zusammenarbeit folgten dabei einer ähnlichen Dramaturgie, die sich in den Besatzungszonen jedoch unterschiedlich entfaltete und nur in der Rückschau einer inneren Logik zu folgen scheint (vgl. zum Weiteren Leunig 2012, S. 25–36; Kleßmann 1991, S. 66–78 und S. 177–217; Benz, W. 1989; Glaeßner 2006, S. 279–299).

Tab. 2.1 Zeittafel zur Gründung der Bundesrepublik Deutschland und der Deutschen Demokratischen Republik. (ªQuellen: eigene Zusammenstellung auf Grundlage von Kleßmann 1991, S. 535–540; Benz, W. 1994, S. 258–266)

Ereignis	Amerikanische Besatzungszone	Britische Besatzungszone	Französische Besatzungszone	Sowjetische Besatzungszone
Kapitulation	07./08. Mai 1945: Bedingungslose Kapitulation in Reims und Berlin-Karlshorst			
Gründung der Bundesländer	Sept. 1945 (BY, HE, HB [ab Jan 1947; Jan./Feb 1947] Wrttbg.-Baden)	August 1946 (NW, NI; SH, HH [Mai 1946], ᵇHB [bis Dez. 1946])	August 1946 (RP, Baden, Wrttbg.-Hohenzollern; [Sonderstatus für Saargebiet])	ᶜJuli 1945 (MV, SN, TH, BB, ST)
Zonale Verwaltung	Oktober 1945 Länderrat	Ab März 1946 Zonenbeirat	Ab 1948 Sekretariat der Ministerkonferenzen	Ab Juli 1945: Deutsche Zentralverwaltungen
Erste Landtagswahlen	24.11.1946/01.12.1946	20.04.1947	18.05.1947	20.10.1946
Landesverfassungen und Verfassungsreferenden	1946/1947	1950–1952	1947	1946/1947
Überzonale Zusammenarbeit	Ab 01.01.1947 (Bizone)		–	–
	20.06.1948 (ab 01.04.1949: „Trizone")			24.06.1948
Entstehung des Grundgesetzes/Verfassung der DDR	01.07.1948: Übergabe der Frankfurter Dokumente			
	10.–23.08.1948: Konvent von Herrenchiemsee			19.03.1949: Billigung durch Volksrat; 07.10.1949: Inkrafttreten
	01.09.1948–23.05.1949: Parlamentarischer Rat			

ªSonderfall ist Berlin; ᵇBremen wurde im Dezember 1946 der amerikanischen Besatzungszone angegliedert; ᶜdie fünf bestehenden Länder der SBZ wurden 1952 in Bezirke umgewandelt

- *Amerikanische Besatzungszone:* Obschon in der Sowjetischen Besatzungszone die Länder zuerst eingerichtet wurden, war die amerikanische Militärregierung unter General Clay Vorreiter und Taktgeber für die Entwicklung nach der bedingungslosen Kapitulation. Der Plan des ehemaligen amerikanischen Finanzministers Henry Morgenthau Jr., das Deutsche Reich nach Ende des Krieges in Agrarstaaten aufzuspalten, zu demilitarisieren und so Deutschland als kriegstreibende Macht dauerhaft auszuschalten, wird zwar gerne zitiert. Doch war er von der damaligen amerikanischen Regierung unter Franklin D. Roosevelt nie ernsthaft erwogen worden. Er verschwand schnell in irdendeiner Schublade und war, so Wolfgang Benz (1994, S. 38), nicht mehr als eine „Episode"; heutzutage dient er vor allem als „Legende", um antiamerikanische Ressentiments zu befeuern (ebda.). Die USA strebten eine schnelle Neugründung von Bundesländern und einen Aufbau der Demokratie von unten nach oben an. Bereits wenige Monate nach der bedingungslosen Kapitulation schuf die amerikanische Militärregierung daher die Länder Bayern, Württemberg-Baden, (Groß-)Hessen und setzte Ministerpräsidenten ein (Leunig 2012, S. 27–30). Bereits im Oktober 1945 wurde ein Länderrat geschaffen, um verwaltungstechnische Angelegenheiten zwischen den Ländern abzustimmen (Kleßmann 1991, S. 76–78). Im Juni 1946 fanden Wahlen zu verfassunggebenden Versammlungen in den Ländern der amerikanischen Besatzungszone statt und im November bzw. Dezember desselben Jahres Landtagswahlen und Volksabstimmungen über die Verfassungen. Damit waren die Voraussetzungen geschaffen für demokratische Selbstbestimmung. Danach, so Sven Leunig (2012, S. 29), haben sich die Amerikaner aus der operativen Politik und Verwaltung zurückgezogen und „ihre Politik fortan weniger durch Befehl als vielmehr durch Beobachtung und Beratung" durchgesetzt.
- *Britische Besatzungszone:* Die Entwicklung in der britischen Besatzungszone verlief zeitversetzt und in einer etwas anderen Abfolge, führte allerdings zu ähnlichen Resultaten. So setzte die britische Militärregierung im März 1946 einen Zonenbeirat ein, der beratende Funktionen hatte. Die Länder

Schleswig-Holstein, Nordrhein-Westfalen und Niedersachsen wurden erst danach, im Juli bzw. August 1946, gegründet, also fast ein Jahr später als die Länder in der amerikanischen Besatzungszone. Hamburg und Bremen, das im Dezember 1946 an die amerikanische Militärregierung abgetreten wurde, wurden im Mai 1946 zu Stadtstaaten erklärt. Folglich fanden Landtagswahlen und die Verabschiedung von Landesverfassungen in der britischen Besatzungszone später statt als in den Ländern der amerikanischen Besatzungszone. Dadurch entwickelten die sich ab März 1947 verstärkende Blockkonfrontation und das vom 23. auf den 24. Mai 1949 in Kraft getretene Grundgesetz eine prägende Kraft auf die Entwicklungen in diesen Ländern. Wichtig ist zudem, dass mit der Schaffung der Länder 1946 auch in der britischen Besatzungszone Regierungen demokratisch legitimiert werden konnten und ab 1947 eine überzonale Zusammenarbeit möglich wurde. Die am 1. Januar 1947 geschaffene Bizone, in der die Länder der britischen und amerikanischen Zone vereinigt wurden, sollte sich zur Vorstufe der Bundesrepublik Deutschland entwickeln.

- *Französische Besatzungszone:* Ländergründungen in der amerikanischen und britischen Besatzungszone, Landtagswahlen, verfassunggebende Versammlungen in den Ländern der amerikanischen Besatzungszone, die Gründung der Bizone und der sich seit 1947 verstärkende Ost-West-Konflikt – alle diese Faktoren entfalteten eine Dynamik, der sich auch die französische Militärregierung nicht entziehen konnte. Die französische Militärregierung ließ sich nur „widerwillig auf eine gemeinsame westliche Vorgehensweise ein" (Glaeßner 2006, S. 284) und strebte ursprünglich an, „Deutschland in möglichst viele, kleine, weitgehend souveräne und bestenfalls staatenbündisch verknüpfte Länder zu gliedern" (Leunig 2012, S. 33). Das war nachvollziehbar. Denn Frankreich war innerhalb eines Vierteljahrhunderts zweimal von Deutschland überfallen worden. Frankreich wollte daher einen Staatenbund, in dem die deutschen Länder lediglich lose verbunden sein sollten. Die französische Militärregierung gründete im August 1946 das Land Rheinland-Pfalz, Baden,

Württemberg-Hohenzollern; das Saargebiet hatte einen Sonderstatus. Sie ließ im Mai 1947 Landtage wählen und Landesverfassungen annehmen. Eine länderübergreifende Koordination auf der Ebene der französischen Besatzungszone wurde nicht etabliert; zudem wurde das Saargebiet unmittelbar der französischen Verwaltung unterstellt.

- *Sowjetische Besatzungszone:* Kurioserweise war die SMAD, die Sowjetische Militäradministration, die erste Besatzungsmacht, die im Juli 1945 Länder in der von ihr besetzten Zone schuf (Leunig 2012, S. 34–36; Kleßmann 1991, S. 66–78) und Verwaltungsstrukturen etablierte. Zwar dauerte es bis Juni 1946, bis beratende Landesversammlungen eingesetzt waren; Landtagswahlen wurden im Oktober 1946 durchgeführt und Landesverfassungen ab Dezember 1947 verabschiedet. Doch hatte dieses föderalistische Intermezzo ohnehin eher instrumentellen Charakter. Denn auch die Landesregierungen blieben unter der Kontrolle der SMAD, die bereits 1945 „Zentralverwaltungen" eingesetzt hatte. Die in der Besatzungszeit geschaffenen Länder Thüringen, Mecklenburg-Vorpommern und Sachsen sowie die Provinz Sachsen-Anhalt und die Mark Brandenburg wurden kurz nach Gründung der DDR wieder aufgelöst und durch Bezirke ersetzt. Das in Art. 1 Abs. 1 der Verfassung der DDR von 1949 enthaltene Postulat, dass „Deutschland (sic!) eine unteilbare demokratische Republik" sei und sich auf den „deutschen Ländern" aufbaue, war bloßes Lippenbekenntnis.

Unter diesen Voraussetzungen erfolgte die Gründung der beiden deutschen Staaten. Beide Gründungen waren eingebettet in die Blockkonfrontation zwischen West und Ost. Es war auch eine Frage, welches System sich durchsetzen würde: die westliche Demokratie oder der real existierende Sozialismus. Die Schaffung des Weststaates war zudem vorgeprägt durch die bestehenden Bundesländer, die im Juni 1948 durchgeführte Währungsreform, die Schaffung der sozialen Marktwirtschaft sowie die Interessen der westlichen Alliierten. Anders gesagt: Zentrale verfassungspolitische Vorentscheidungen waren schon getroffen, ehe auf der Londoner Sechs-Mächte-Konferenz 1948 beschlossen wurde, den Ländern in den westlichen Besatzungszonen den Auftrag zu erteilen, sich eine Gesamtverfassung zu geben und einen Weststaat zu gründen. Die einzigen Ansprechpartner für dieses Vorhaben waren die von den Landesvölkern durch Wahlen legitimierten Repräsentanten: die Ministerpräsidenten und die Bürgermeister von Bremen und Hamburg (Berlin hatte eine Sonderrolle). Anders gestaltete sich die Entwicklung in der Sowjetischen Besatzungszone. Zwar existierten auch hier Länder, denen allerdings bei der Gründung der DDR keine tragende Rolle zukam.

Die Beratungen im Parlamentarischen Rat, der das Grundgesetz ausarbeiten sollte, fanden nicht voraussetzungslos statt. Die Vorstellungen der Alliierten, die sich abzeichnende Teilung Deutschlands, der sich verschärfende Ost-West-Konflikt, die bereits getroffenen Vorentscheidungen über die Wirtschafts- und Sozialordnung sowie schließlich die Vorstellungen der Länder prägten die Beratungen im Parlamentarischen Rat. Das ist allerdings keine Besonderheit dieser Verfassungsberatungen. Denn keine Verfassung entsteht in einem Vakuum. Gleichwohl stellt der Parlamentarische Rat in doppelter Hinsicht eine Zäsur in der Nachkriegsentwicklung dar: Zum einen war dies die erste Institution mit westzonaler Ausstrahlung. Entscheidungen wurden nicht mehr auf Landes- oder zonaler Ebene getroffen, sondern auf überzonaler. Zum anderen drängte dies die Regierungschefs aus den Ländern in den Hintergrund. Abgelöst wurden sie durch die Parteien, die im Parlamentarischen Rat und danach die Entscheidungs- und Willensbildung bestimmten.

Der Parlamentarische Rat funktionierte so, wie sein Name es andeutet: wie ein Parlament mit Fachausschüssen, Arbeitsgremien und entlang der Parteizugehörigkeit der Abgeordneten (Benz, W. 1989, S. 191–235; Niclauß 1998; Sörgel 1985). Die 65 Mitglieder des Parlamentarischen Rates, die von den Landesparlamenten gewählt worden waren und damit die dortigen Mehrheitsverhältnisse widerspiegelten, traten zum ersten Mal am 1. September 1948 in der Pädagogischen Akademie in Bonn zusammen. Die CDU verfügte über 19 Mandate (+1 aus Berlin), die CSU über 8, die SPD über 27 (+3 aus Berlin), die FDP/DVP/LDP über 5 (+1 aus Berlin), die Deutsche Partei, das Zentrum sowie die KPD jeweils über 2 Mandate. Konrad Adenauer von der CDU wurde zum Präsidenten gewählt. (Die Berliner Mitglieder waren in der Schlussabstimmung nicht stimmberechtigt.) Verabschiedet wurde der Entwurf des Grundgesetzes im Parlamentarischen Rat am 8. Mai 1949 mit 53 gegen 12 Stimmen. Bis auf den Bayerischen Landtag nahmen daraufhin alle damals bestehenden (west-)deutschen Landesparlamente das Grundgesetz an. Das „Nein" des Bayerischen Landtages zum Grundgesetz war zudem wohlfeil. Denn der Bayerische Landtag, dem das Grundgesetz nicht föderalistisch genug war, betonte in einem zweiten Beschluss, dass sich Bayern an das Grundgesetz halten würde, sollte es von zwei Drittel der Länder angenommen werden und damit in Kraft treten.

Die Beratungen im Parlamentarischen Rat waren kompliziert und von Konflikten gekennzeichnet (Niclauß 1998; Sörgel 1985). Diese Konflikte betrafen grundlegende Fragen des zu errichtenden Staates (wie einzelne Grundrechte) ebenso wie dessen organisatorischen Aufbau. Struktur und Kompetenzverteilung im Bundesstaat sollten sich sogar als höchst kontroverse Angelegenheiten erweisen. Strittig waren die Zusammensetzung und die Kompetenzen des Bundesrates, die Gesetzgebungszuständigkeiten von Bund und Ländern sowie die Finanzverfassung, kurzum: alle konstitutiven Elemente des deutschen Bundesstaates. Es wundert daher kaum, dass genau diese Regelungen später immer wieder geändert wurden.

Die Länder spielten in den verfassunggebenden Debatten eine wichtige Rolle. Ihre Regierungschefs hatten nicht nur den Auftrag erhalten, eine Verfassung auszuarbeiten. Sie hatten die Gelegenheit auch beim Schopfe gepackt und einen Ausschuss mit Vertretern aus elf Ländern eingesetzt. Der nach seinem Tagungsort benannte Verfassungskonvent von Herrenchiemsee tagte vom 10. bis 23. August 1948 und arbeitete einen Vorentwurf für das Grundgesetz aus. In dem Konvent war vor allem juristischer Sachverstand versammelt (Glaeßner 2006, S. 292). Zudem waren rund 67 % der Mitglieder des Parlamentarischen Rates gleichzeitig Landtagsabgeordnete (Sörgel 1985, S. 260; Glaeßner 2006, S. 294). Und nicht zu vergessen: Das Grundgesetz musste von den Landesparlamenten angenommen werden.

Anzumerken ist schließlich zweierlei: Erstens wird bisweilen behauptet, die Gründung der Bundesrepublik Deutschland sei Resultat eines „Oktroi" der westlichen Alliierten gewesen. Sie sei im Namen, auf Anordnung und im Auftrag der USA, Großbritanniens und Frankreichs durchgeführt worden und beruhe nicht auf einer freien Entscheidung des „deutschen Volkes". Belegt wird dies mit den Frankfurter Dokumenten und damit, dass das Grundgesetz nicht in einem Volksentscheid angenommen wurde und von den Besatzungsmächten genehmigt werden musste. Eine solche Auffassung übersieht allerdings, dass Ministerpräsidenten, Landesregierungen und die Mitglieder des Parlamentarischen Rates mit den Vorstellungen der westlichen Alliierten durchaus übereinstimmten. Auch sie wollten einen demokratischen Bundesstaat errichten, der sich an Recht und Gesetz zu halten hatte (Niclauß 1998; Sörgel 1985). Zudem waren sie in der Lage, eigene Vorstellungen durchzusetzen. So wollten die westlichen Alliierten die Verfassung in einem Referendum annehmen lassen, ein Anliegen, das die Ministerpräsidenten erfolgreich abwehrten. Ebenso wenig konnten sich die Alliierten mit ihrem Wunsch durchsetzen, die Mitglieder der von ihnen vorgesehenen „Verfassunggebenden Versammlung" direkt wählen zu lassen. Auch hier setzten sich die Ministerpräsidenten mit ihrem Vorschlag durch, die Mitglieder des Parlamentarischen Rates durch die Landesparlamente wählen zu lassen. Außerdem: Ein „deutsches Volk", das eine Verfassung hätte annehmen können, gab es im staatsrechtlichen Sinne ohnehin nicht. Es wurde mit dem Grundgesetz erst geschaffen.

Zweitens, immer wieder wird angeführt, beim Grundgesetz handle es sich lediglich um ein „Provisorium", um eine vorläufige Verfassung, die durch eine „richtige" zu ersetzen sei, sobald die beiden deutschen Staaten wieder vereinigt wären. Begründen lässt sich dies mit dem Namen (Grundgesetz statt Verfassung), der Entstehungsgeschichte und einigen verfassungsrechtlichen Bestimmungen, die 1990 ihren Sinn verloren hatten und gestrichen wurden. Dieser politische Kontext ändert allerdings nichts daran, dass das Grundgesetz formell und materiell stets als Vollverfassung begriffen wurde. Es regelt den Staatsaufbau, das Verhältnis zwischen Staat und Bürgern und war und ist zudem nur mit qualifizierter Mehrheit zu ändern. Es erfüllt also alle Bedingungen einer Vollverfassung. Noch wichtiger: Nach seinem Inkrafttreten entfaltete das Grundgesetz Wirkung. Im Zweifels- oder Streitfall half das Bundesverfassungsgericht.

In der Sowjetischen Besatzungszone nahm die Entwicklung einen anderen Verlauf. Die 1945 eingerichteten Länder spielten bei der Gründung der DDR und der Verabschiedung der Verfassung 1949 keine Rolle. Staatsgründung und Verfassungsgebung waren gesteuert und dominiert von der aus der Zwangsvereinigung von SPD und KPD hervorgegangenen SED. Sie folgte Walter Ulbrichts[2] Aufforderung, dass es zwar „demokratisch aussehen" sollte, die KPD bzw. SED aber „alles in der Hand haben" müsste (zit. nach Leonhard 1966, S. 294). Die Chronologie der Ereignisse bestätigt diese Einschätzung: Der in der Sowjetischen Besatzungszone Ende 1947 einberufene Volkskongress bestand aus nicht gewählten, sondern aus „geladenen" Delegierten von Betrieben, gesellschaftlichen Gruppen und Verbänden (Bauern, Künstler, Wissenschaftler). Aus ihm ging der „Deutsche Volksrat" hervor, der einen Verfassungsentwurf für Gesamtdeutschland ausarbeitete. Der nach Einheitslisten gewählte Dritte Deutsche Volkskongress setzte einen Volksrat ein, der im Oktober 1949 die Verfassung der DDR in Kraft setzte (Glaeßner 2006, S. 177–186; Kleßmann 1991, S. 202–208).

Einen Sonderstatus hatte Berlin (auf das Saarland wird unten eingegangen). Berlin wurde von den vier Besatzungsmächten gemeinsam verwaltet (Massing 1990; Wettig 1999). Dafür wurde eine Alliierte Kommandantur eingerichtet, in der alle vier Besatzungsmächte gleichberechtigt vertreten waren und die die oberste Regierungsgewalt in Berlin ausübte. Doch in Berlin spitzten sich die Konflikte zwischen den westlichen Besatzungsmächten und der Sowjetunion zu einem „offenen Machtkampf" zu (Massing 1990, S. 136). Die Sowjetunion hatte

---

[2]Walter Ulbricht (1893–1973) kehrte im April 1945 aus der Sowjetunion („Gruppe Ulbricht") nach Berlin zurück und übernahm nach Gründung der DDR leitende Funktionen in Staat und Partei (Leonhard 1966, S. 275–279).

die in den westlichen Besatzungszonen am 1. Juni 1948 durchgeführte Währungsreform zum Anlass genommen, den gesamten Güter- und Personenverkehr von und nach Berlin zu untersagen und war aus der Alliierten Kommandantur ausgezogen. West-Berlin war damit von jeglicher Versorgung abgeschnitten. Die Westmächte und insbesondere die USA verstanden daher den Schutz Berlins – und die Eindämmung des sowjetischen Herrschaftsanspruches – als Herausforderung und versorgten die Bevölkerung West-Berlins über den Luftweg („Berliner Luftbrücke"). Die Berlin-Blockade, die vom 24. Juni 1948 bis 12. Mai 1949 dauerte, besiegelte die Teilung der Stadt (Wettig 1999, S. 160–166). West- und Ost-Berlin nahmen in der Folge eine unterschiedliche Entwicklung. Während Ost-Berlin zur Hauptstadt der DDR erklärt wurde, schlossen die Westalliierten eine volle Eingliederung West-Berlins in die BRD aus. Bis 1990 blieb Berlin unter alliierter Kontrolle, besaß keine stimmberechtigten Mitglieder im Bundestag und Bundesrat und musste alle Bundesgesetze durch einen Beschluss des Abgeordnetenhauses übernehmen.

Insgesamt ergibt sich daraus ein heterogenes Bild (Tab. 2.2) der staatsrechtlichen Geschichte. Die Länder sind zu unterschiedlichen Zeitpunkten Teil der Bundesrepublik Deutschland geworden und weisen beträchtliche Differenzen in Größe und Einwohnerzahl auf (Tab. 2.3).

2.2 Ländergrenzen: Neugliederung, Zusammenschlüsse, Beitritte und deutsche Vereinigung

Wie erwähnt, die Länder sind „Kunstgebilde" (Sturm 2015, S. 74). Ihre Grenzen sind Ergebnis besatzungspolitischer und militärischer Überlegungen und entsprechen nur in wenigen Fällen historischen Traditionen. Und sie weisen gravierende Unterschiede in Größe und Einwohnerstärke auf (Tab. 2.3). Die westlichen Besatzungsmächte hatten daher im zweiten Frankfurter Dokument die Ministerpräsidenten „ersucht, die Grenzen der einzelnen Länder zu überprüfen, um zu bestimmen,

Tab. 2.2 Die deutschen Länder: Gründung und Verfassungen. (Quelle: eigene Zusammenstellung; Reutter 2018b, S. 58; www.election.de)

	Gründungsdatum[a]	Wahl zum ersten Landesparlament	Erste Verfassung (Inkrafttreten)[b]	„Beitritt" zur BRD[c]
BW[d]	25.04.1952	09.03.1952	20.11.1953	23.05.1949
BY	19.09.1945	01.12.1946	08.12.1946	23.05.1949
BE	03.10.1990	20.10.1946	01.10.1950	03.10.1990
BB	03.10.1990	14.10.1990	21.08.1992	03.10.1990
HB	23.01.1947	12.10.1947	22.10.1947	23.05.1990
HH	15.05.1945	13.10.1946	01.07.1952	23.05.1949
HE	19.09.1945	01.12.1946	01.12.1946	23.05.1949
MV	03.10.1990	14.10.1990	23.05.1993	03.10.1990
NI	01.11.1946	20.02.1947	01.05.1951	23.05.1949
NW	17.07.1946	20.04.1947	11.07.1950	23.05.1949
RP	30.08.1946	18.05.1947	18.05.1947	23.05.1949
SL	16.02.1946[e]	05.10.1947	17.12.1947	01.01.1957
SN	03.10.1990	14.10.1990	06.06.1992	03.10.1990
ST	03.10.1990	14.10.1990	18.07.1992	03.10.1990
SH	23.08.1946	20.02.1947	12.01.1950	23.05.1949
TH	03.10.1990	14.10.1990	16.10.1994	03.10.1990

[a]Gründungsdatum: Datum der Proklamation durch Militärregierung, durch Einsetzung eines Ministerpräsidenten bzw. Bürgermeisters (HH); bei BB, MV, SN, ST und TH Tag der Wiedergründung
[b]für BB, MV, SN, ST und TH gilt: Inkrafttreten der nach der Vereinigung angenommenen Verfassung
[c]Datum der Gründung der Bundesrepublik Deutschland, beim Saarland und bei den neuen Bundesländern: Datum des Beitritts des Landes bzw. der DDR
[d]Baden, Württemberg-Baden und Württemberg-Hohenzollern, die sich 1952 zu Baden-Württemberg zusammenschlossen, waren seit 23. Mai 1949 Teil der Bundesrepublik Deutschland
[e]das Saarland kam am 16. Februar 1946 unter französische Kontrolle und trat am 1. Januar 1957 der BRD bei

2.2 Ländergrenzen: Neugliederung, Zusammenschlüsse …

Tab. 2.3 Länder: Namen, Hauptstädte, Flächen, Einwohner (Stand: 12/2017). (Quelle: eigene Zusammenstellung; Statistisches Bundesamt 2019d, S. 26)

Land (offizieller Name)	Abkürzung	Hauptstadt	Fläche (km²)	Einwohner (in Tsd.)	Einwohner/km²
Land Baden-Württemberg	BW	Stuttgart	35.748	11.023	308
Freistaat Bayern	BY	München	70.542	12.997	184
Land Berlin	BE	Berlin	891	3613	4055
Land Brandenburg	BB	Potsdam	29.654	2504	84
Freie Hansestadt Bremen	HB	Bremen (faktisch)	419	681	1624
Freie und Hansestadt Hamburg	HH	Hamburg	755	1831	2424
Land Hessen	HE	Wiesbaden	21.116	6243	294
Land Mecklenburg-Vorpommern	MV	Schwerin	23.294	1611	69
Land Niedersachsen	NI	Hannover	47.710	7963	167
Land Nordrhein-Westfalen	NW	Düsseldorf	34.112	17.912	525
Land Rheinland-Pfalz	RP	Mainz	19.858	4074	205
Saarland	SL	Saarbrücken	2.571	994	387
Freistaat Sachsen	SN	Dresden	18.450	4081	221
Land Sachsen-Anhalt	ST	Magdeburg	20.454	2223	109
Land Schleswig-Holstein	SH	Kiel	15.804	2890	183
Freistaat Thüringen	TH	Erfurt	16.202	2151	133

welche Änderungen sie etwa vorzuschlagen wünschen. Solche Änderungen sollten den überlieferten Formen Rechnung tragen und möglichst die Schaffung von Ländern vermeiden, die im Vergleich mit anderen Ländern zu groß oder zu klein sind" (Parlamentarischer Rat 1975, S. 32). All dies hätte noch vor Einberufung der Verfassunggebenden Versammlung, die zum Parlamentarischen Rat wurde, stattfinden sollen.

Dieses Ansinnen lehnten die Ministerpräsidenten ab. Sie hielten es schlicht für unmöglich, in der kurzen Zeit bis zur Einberufung des Parlamentarischen Rates die gewünschte Territorialreform durchzuführen. Die Militärgouverneure akzeptierten die Bedenken. Seitdem steht die Forderung nach einer Neugliederung des Bundesgebietes auf der politischen Tagesordnung – allerdings sehr weit unten. Hin und wieder rückte sie ein paar Plätze nach oben, und bisweilen wurde sie sogar ernsthaft erwogen wie z. B. Mitte der 1970er Jahre in der Ernst-Kommission oder wie nach der deutschen Vereinigung 1990, aber nie wirklich in Angriff genommen (Schwarz 2012). Immer wieder wird dasselbe gefordert: die Schaffung von ungefähr gleich großen und gleich starken Ländern. Denn die von den Alliierten gezogenen Grenzen hätten Länder geschaffen, die ihre Aufgaben nicht erfüllen könnten und auf Unterstützung vom Bund oder von anderen Ländern angewiesen wären (Kropp 2010, S. 132). Doch bisher waren die Vorbehalte zu groß und die territorialen Beharrungskräfte zu stark. Vielleicht sind aber auch die Argumente nicht gut genug.

Das bedeutet jedoch nicht, dass die territoriale Struktur des deutschen Bundesstaates unverändert geblieben wäre. Im Gegenteil, es gab einen Zusammenschluss, den Beitritt des Saarlands 1957, die Schaffung und Integration von fünf neuen Ländern 1990, die Bildung des Landes Berlin sowie die gescheiterte Fusion Berlins und Brandenburgs 1995/1996. Ich erspare mir einen Überblick über die diversen Versuche, Kommissionen und Pläne, die immer mal wieder vorgelegt wurden und alle im Sande verliefen (Schwarz 2012; Sturm 2001, S. 91–100), und beschränke die Darstellung auf die drei großen territorialen Veränderungen in der Geschichte des deutschen Bundesstaates. Gemeint sind der erfolgreiche Zusammenschluss von Baden, Württemberg-Hohenzollern und Württemberg-Baden 1952, der Beitritt des Saarlandes zur Bundesrepublik Deutschland 1957 sowie der Beitritt der fünf ostdeutschen Länder zum Geltungsbereich des Grundgesetzes 1990 im Zuge der deutschen Vereinigung. Zudem werde ich auf die gescheiterte Fusion Berlins und Brandenburgs 1996 eingehen.

Baden-Württemberg: Der Zusammenschluss der drei Südwestländer Baden, Württemberg-Baden und Württemberg-Hohenzollern zum heute bestehenden Baden-Württemberg war eine Art „Schwabenstreich" auf Kosten der (Süd-)Badener. Verfassungsrechtlich wurde der Zusammenschluss nicht auf Grundlage von Art. 29 GG durchgeführt, der in acht Absätzen ein kompliziertes und unpraktisches Verfahren für solche Fälle vorsah. Der damalige Ministerpräsident von Württemberg-Hohenzollern hatte schon dem Parlamentarischen Rat vorgeschlagen, für den zu gründenden Südweststaat ein vereinfachtes Verfahren vorzusehen (Schneider 1990, S. 55). Nach dem daraufhin eingefügten Art. 118 GG sollte der Zusammenschluss der drei beteiligten Länder entweder durch eine „Vereinbarung" erfolgen oder aufgrund eines Bundesgesetzes, das jedoch eine Volksbefragung vorsehen musste. Da schnell klar wurde, dass die (süd-)badische Regierung unter Leo Wohleb einen Zusammenschluss ablehnen würde und damit eine „Vereinbarung" unmöglich war, strebten die Regierungen von Württemberg-Baden und Württemberg-Hohenzollern das zweite Verfahren an, also den Zusammenschluss durch Bundesgesetz und Volksabstimmung. Das verabschiedete Gesetz schuf vier Abstimmungsbezirke, wobei der Zusammenschluss der drei Länder erfolgen sollte, wenn in drei der vier Abstimmungsbezirke eine Mehrheit für den Südweststaat stimmen würde. Genau dies geschah. Während in Südbaden eine Mehrheit in der Volksabstimmung am 9. Dezember 1951 gegen den Zusammenschluss votierte, stimmte in Nordbaden, Nordwürttemberg und Südwürttemberg eine Mehrheit dafür (Schneider 1990, S. 56). Im März 1952 wurde eine Verfassunggebende Landesversammlung und im April 1952 der erste Ministerpräsident gewählt. Damit war das Land Baden-Württemberg zwar entstanden, das allerletzte Wort aber noch nicht gesprochen. Denn die Badener hatten auf Grundlage von Art. 29 GG im Herbst 1956 ein erneutes Volksbegehren erfolgreich durchgeführt. Die dadurch notwendige Volksabstimmung wurde jedoch immer wieder aufgeschoben. Sie erfolgte erst viele Jahre später und erst, nachdem das Bundesverfassungsgericht ein entsprechendes Urteil gefällt hatte. Die schließlich am 7. Juni 1970 angesetzte Volksabstimmung wurde nur im badischen Landesteil durchgeführt und bestätigte die normative Kraft des Faktischen. Was war und sich bewährt hatte, sollte bleiben. Fast 82 % der Abstimmenden votierten für den Verbleib Badens im Land Baden-Württemberg (Wehling 2004a, S. 21–26; Schneider 1990, S. 54–56; Sturm 2001, S. 92–93).

Berlin-Brandenburg: Ein zweiter Versuch, Länder zusammenzuschließen, erfolgte nach der deutschen Vereinigung, die die Debatte um eine Neugliederung des Bundesgebietes – wieder einmal und wieder einmal folgenlos – auf die politische Tagesordnung gesetzt hatte. Das 1990 entstandene Land Berlin und das im selben Jahr wieder gegründete Land Brandenburg wollten ihren Teil dazu beitragen und 1995 das Bindestrich-Land „Berlin-Brandenburg" schaffen (Jung 1997; Lorenz 2016). Wie schon im Fall Baden-Württemberg wurde dafür nicht Art. 29 GG in Anspruch genommen, der für solche Fälle vorgesehen war. Vielmehr wurde 1994 das Grundgesetz geändert und mit Art. 118a GG eine Ausnahmeregelung geschaffen. Danach konnte die „Neugliederung Berlins und Brandenburgs" durch Vereinbarung beider Länder ermöglicht werden – allerdings nur „unter Beteiligung ihrer Wahlberechtigten" (Art. 118a GG). Diese letzte Bedingung sollte sich als nicht zu überwindende Hürde erweisen. Zwar schlossen die damaligen Landesregierungen von Berlin und Brandenburg einen sogenannten Fusionsvertrag, der auch in beiden Landesparlamenten mit der notwendigen Zweidrittelmehrheit angenommen wurde (lediglich die damalige PDS votierte dagegen). Doch scheiterte der Zusammenschluss am Votum der Wähler Brandenburgs. In Berlin stimmten in der Volksabstimmung am 5. Mai 1996 zwar 53,4 % für die Fusion (bei einer Wahlbeteiligung von 57,8 %), doch scheiterte das Vorhaben in Brandenburg schon daran, dass lediglich 36,6 % der Abstimmenden den Zusammenschluss befürworteten (bei einer Wahlbeteiligung von 66,4 %; Jung 1997). Seitdem gab es keinen erneuten Vorstoß, diese beiden Länder – oder auch andere Länder – zu fusionieren. Die Neugliederung des Bundesgebietes war und ist eher Wunschtraum denn realistische Option.

Saarland: Das Grundgesetz bot noch eine weitere Möglichkeit zur Änderung der territorialen Struktur des Bundesstaates: den Beitritt auf Grundlage des inzwischen abgeschafften Art. 23 GG. Das Saarland und später die fünf neuen Länder der DDR wurden über diesen Weg Teil der Bundesrepublik Deutschland. Das Saarland war bereits 1946 aus der französischen Besatzungszone ausgegliedert worden (Leunig 2012, S. 41 f.; Plöhn und Barz 1990, S. 384–386; Rütters 2012, S. 471–474). Es war ein französisches „Protektorat" (Plöhn und Barz 1990, S. 385). Dieses „Protektorat" verfügte über eine eigene Währung, hatte sich 1947 eine Verfassung gegeben und dessen Einwohner besaßen sogar eine eigene Staatsbürgerschaft. Dennoch war der Status des Saarlandes „ungeklärt" (Plöhn und Barz 1990, S. 385). Die vom damaligen Bundeskanzler Konrad Adenauer (CDU) angestrebte Westintegration ermöglichte es, mit Frankreich ein Abkommen zu schließen. Das vereinbarte Saarstatut sah vor, dass das Saarland zwar weiterhin an Frankreich wirtschaftlich angebunden bleiben sollte, es nach außen aber von einem Kommissar der Westeuropäischen Union vertreten werden sollte. Doch votierten am 23. Oktober 1955 in einer Volksabstimmung 67,7 % der Abstimmenden – die Beteiligung lag bei 96,6 % – gegen dieses Statut und damit für die Anbindung des Saarlandes an die Bundesrepublik Deutschland. Daraufhin trat die amtierende saarländische Regierung zurück, der Landtag des Saarlandes beantragte den nach Art. 23 GG a. F. notwendigen Beitritt zur Bundesrepublik Deutschland und der Bundestag verabschiedete das erforderliche Eingliederungsgesetz. Das Saarland trat damit zum 1. Januar 1957 dem Geltungsbereich des Grundgesetzes und der Bundesrepublik Deutschland bei.

Vereinigung: Vollkommen anders verlief die Eingliederung der fünf ostdeutschen Bundesländer (Glaeßner 2006, S. 334–347) oder anders gesagt: die deutsche Vereinigung, die ebenfalls auf Grundlage des Art. 23 GG a. F. vollzogen wurde. Ursprünglich war vorgesehen, dass die Vereinigung der beiden deutschen Staaten nach dem damals geltenden Art. 146 GG geschehen sollte. Danach hätte sich die Bundesrepublik Deutschland neu konstituiert und das „deutsche Volk" hätte sich in „freier Entscheidung" eine neue Verfassung gegeben. Bekanntlich ist es anders gekommen. Die Neukonstituierung blieb ebenso aus wie die „freie Entscheidung" des „deutschen Volkes". Stattdessen wählte man den „schnellen und unkomplizierten Weg des Beitritts der DDR zur Bundesrepublik" (Glaeßner 2006, S. 335). Dieser Beitritt vollzog sich auf Grundlage des „Staatsvertrages zur Währungs-, Wirtschafts- und Sozialunion" sowie des Einigungsvertrages zwischen den beiden deutschen Staaten und erfolgte am 3. Oktober 1990. Art. 1 des Einigungsvertrages vom 31. August 1990 bestimmte dabei: „Mit dem Wirksamwerden des Beitritts der Deutschen Demokratischen Republik zur Bundesrepublik Deutschland gemäß Artikel 23 des Grundgesetzes am 3. Oktober 1990 werden die Länder Brandenburg, Mecklenburg-Vorpommern, Sachsen, Sachsen-Anhalt und Thüringen Länder der Bundesrepublik Deutschland. Für die Bildung und die Grenzen dieser Länder untereinander sind die Bestimmungen des Verfassungsgesetzes zur Bildung von Ländern in der Deutschen Demokratischen Republik vom 22. Juli 1990 – Ländereinführungsgesetz – [...] maßgebend." Und weiter: „Die 23 Bezirke von Berlin bilden das Land Berlin." Am 14. Oktober 1990 wählten alle fünf ostdeutschen Länder ihre Landtage, und am 2. Dezember 1990 wählte Berlin das erste Gesamtberliner Abgeordnetenhaus. Alle 1990 entstandenen Länder gaben sich schließlich eine neue Verfassung; Berlin überarbeitete seine Verfassung grundlegend und setzte die neue Grundordnung per Referendum 1995 in Kraft.

Die Anzahl der Länder und die territoriale Struktur des Bundesgebietes sind damit Resultat von drei Faktoren: den Gründungen durch die Alliierten, einem erfolgreichen und einem gescheiterten Zusammenschluss sowie dem Beitritt des Saarlandes und der DDR zum Geltungsbereich des Grundgesetzes. Möglich wurden die Beitritte durch den inzwischen abgeschafften Art. 23 GG a. F. Er lautete in seiner 1949 angenommenen Fassung wie folgt: „Dieses Grundgesetz gilt zunächst im Gebiete der Länder Baden, Bayern, Bremen, Groß-Berlin, Hamburg, Hessen, Niedersachsen, Nordrhein-Westfalen, Rheinland-Pfalz, Schleswig-Holstein, Württemberg-Baden und Württemberg-Hohenzollern. In anderen Teilen Deutschlands ist es nach deren Beitritt in Kraft zu setzen." Aufgehoben wurde dieser Artikel 1990 durch den Einigungsvertrag und ersetzt 1992 durch den „Europa-Artikel". Sieht man einmal davon ab, dass im Art. 23 a. F. bis 1990 die Länder „Baden", „Groß-Berlin", „Württemberg-Baden" und „Württemberg-Hohenzollern" genannt wurden und das Saarland fehlte, schuf diese Grundlage eine flexible Möglichkeit, dem Geltungsbereich des Grundgesetzes beizutreten. Eine Abstimmung war dafür in der BRD ebenso wenig nötig wie eine Generalrevision des Grundgesetzes. Der Beitritt des Saarlandes und der Beitritt der DDR zum Geltungsbereich des Grundgesetzes konnten aus verfassungsrechtlicher Perspektive vergleichsweise reibungslos erfolgen. Der Bundesstaat hat damit Flexibilität bewiesen und an Vielfalt – oder an Heterogenität – gewonnen.

2.3 Gleichwertigkeit der Lebensverhältnisse, Unitarismus und Unterschiede: Gesellschaft, Wirtschaft und Kultur in den Ländern

Als Gegenstück zum Prinzip der bundesstaatlichen Vielfalt gilt die eher Einheitsstaaten zugeordnete Leitidee der „Gleichwertigkeit der Lebensverhältnisse" (Kropp 2010, S. 15 f.). Allerdings wird nach Hartmut Klatt der Bundesstaat in Deutschland (nur) unter der Voraussetzung akzeptiert, dass die Politik „die Lebensverhältnisse so einheitlich wie in einem Zentralstaat ordnet" (Klatt 2004, S. 10). Umfragen bestätigen diese Annahme (Bertelsmann-Stiftung 2008, S. 18; Petersen et al. 2008). Ganz überwiegend wird in der einschlägigen Literatur die von Konrad Hesse (1962) formulierte Schlussfolgerung geteilt, wir würden in einem „unitarischen Bundesstaat" leben. Ein solcher Staat zeichnet sich dadurch aus, dass er zwar wie ein Bundesstaat aufgebaut ist, aber wie ein Einheitsstaat funktioniert. Alle wichtigen Entscheidungen werden auf Bundesebene gefällt: Darüber hinaus wird den Bundesländern jegliche „Individualität" abgesprochen. In dieser Perspektive hat der Verfassungsauftrag, „gleichwertige" Lebensverhältnisse zu schaffen,[3] dazu geführt, dass alle relevanten Unterschiede zwischen den Bundesländern

---

[3] Bis 1994 forderte das GG sogar „einheitliche Lebensbedingungen" (z. B. Art 72 Abs. 2 GG a. F.).

eingeebnet wurden. Die Bundesrepublik Deutschland ist also in Wahrheit ein „verkappter Einheitsstaat" (Abromeit 1992).

Nun sind auch in „nicht verkappten" Einheitsstaaten wie Frankreich und Großbritannien die Lebensverhältnisse keineswegs überall gleichwertig oder gar einheitlich. In Paris lebt es sich zweifellos anders als in der französischen Provinz, und der prosperierende Südosten Englands ist kaum mit den deindustrialisierten Regionen in den englischen Midlands zu vergleichen. Die Vermutung, in den deutschen Ländern würden überall dieselben gleichwertigen Lebensverhältnisse bestehen, wäre schon aus diesem Grund wenig realitätsnah. Und durchaus folgerichtig hat die Bundesregierung im Juli 2018 die Kommission „Gleichwertige Lebensverhältnisse" eingesetzt. Auftrag der Kommission war es, „eine gerechte Verteilung von Ressourcen und Möglichkeiten" zu untersuchen und Vorschläge zu entwickeln, um „Gleichwertigkeit zu erreichen" (BMI 2019, S. 8). Für die Kommission bedeutet der Begriff „gleichwertige Lebensverhältnisse" „gute Entwicklungschancen und faire Teilhabemöglichkeiten für alle in Deutschland lebenden Menschen" (ebda.). Die Kommission hat in ihrem abschließenden Bericht auch einen „erhebliche[n] Handlungsbedarf" entdeckt. Es scheint also mehr als angebracht, einige Unterschiede zwischen den Ländern darzulegen.

Vorab ist allerdings anzumerken, dass schwer zu bestimmen ist, was mit dem Begriff „gleichwertige Lebensverhältnisse" gemeint ist. Die oben genannte Umschreibung der Regierungskommission als „gute Entwicklungschancen und faire Teilhabemöglichkeiten für alle in Deutschland lebenden Menschen" (BMI 2019, S. 8) führt nicht wesentlich weiter. Ragnitz und Thum (2019, S. 14) weisen darüber hinaus zu Recht darauf hin, dass es keinen Konsens darüber gebe, „welche Indikatoren zur Messung von Lebensverhältnissen herangezogen werden sollen". Zudem sei unklar, wie die Indikatoren gewichtet werden sollten oder welche räumliche Bezugsebene (Region, Land etc.) zu wählen sei. Noch gewichtiger ist das Problem, wie Unterschiede zu bewerten sind. Meist wird in einschlägigen Untersuchungen ein statistisch ermittelter Bundesdurchschnitt als Maßstab herangezogen. Eine unterdurchschnittliche Ausstattung in einem Bereich wird dann als Verstoß gegen die „Gleichwertigkeit" gedeutet (Ragnitz und Thum 2019, S. 13 f.). Hinter dem

2.3 Gleichwertigkeit der Lebensverhältnisse, Unitarismus ...

Begriff der Gleichwertigkeit steckt jedoch eine normative Vorstellung über eine gerechte Gesellschaft, was sich schwerlich in statistische Durchschnittswerte übersetzen lässt. Im Weiteren kann es daher nur darum gehen, auf ausgewählte Unterschiede zwischen den Ländern hinzuweisen. Die Fragen, wie diese Differenzen zu bewerten sind oder ob sie einen Verstoß darstellen gegen den Grundsatz der Gleichwertigkeit der Lebensverhältnisse, werden nicht behandelt.

Zuerst zu demographischen Entwicklungen (s. Tab. 2.4). Sie verweisen auf eine Ost-West-Differenz (Krumm 2015, S. 192–195; Statistisches Bundesamt 2019c, S. 23–84). So haben die ostdeutschen Länder nach 1990 einen stetigen Bevölkerungsrückgang zu verzeichnen. Sie wiesen bis 2017 einen negativen Wanderungssaldo auf, weil vor allem mehr Menschen aus diesen Ländern weg- als hinzogen. Diese Entwicklung hat sich im Zeitverlauf abgeschwächt und 2017 sogar zum ersten Mal umgekehrt. Doch wohnten 2018 in ostdeutschen Ländern deutlich weniger Menschen als 1991. Außer im Saarland und in Bremen ist in den anderen Ländern die Zahl der Einwohner gestiegen. Die Bevölkerungszuwächse sind dabei auch dem Zuzug von Personen aus dem Ausland geschuldet, was im Übrigen auch ursächlich sein dürfte für die Trendwende 2017 in den ostdeutschen Ländern. Jedenfalls ist der Anteil der ausländischen Bevölkerung in allen ostdeutschen Ländern von rund 2 % im Jahr 2000 auf rund 5 % Ende 2018 gestiegen. Nach Angaben des Statistischen Bundesamtes (2019b) liegen die ostdeutschen Länder damit immer noch weit unter dem Bundesdurchschnitt von 13,1 Prozent. Hinzu kommt, dass von den Zuwächsen vor allem die urbanen Zentren (Leipzig, Halle etc.) profitiert haben. Solche demographischen Entwicklungen sind folgenreich. Sie schlagen sich im Finanzausgleich nieder, können Kommunal- und Verwaltungsreformen nach sich ziehen oder die lokale Infrastruktur beeinflussen (Krumm 2015, S. 192).

Aber nicht nur die demographischen Entwicklungen variieren zwischen den Ländern, sondern auch die Wirtschaftskraft und damit der Wohlstand der Einwohner (Statistisches Bundesamt 2019d, S. 175–194 und S. 330–354; Arbeitskreis „Volkswirtschaftliche Gesamtrechnung der Länder" 2019; Statistische

Tab. 2.4 Länderprofile: Gesellschaft, Wirtschaft und Kultur. (Quelle: Statistisches Bundesamt 2019a, b, c, d, S. 237 und 377; Arbeitskreis „Volkswirtschaftliche Gesamtrechnung der Länder 2019; Statistische Ämter der Länder 2019; Faus et al. 2019, S. 51)

	Ausländer (in %)	Produzierendes Gewerbe[a]	Arbeitslosenquote (%)	BIP/Einwohner (abs.)	Einkommen/Einwohner	Zufriedene Demokraten	Katholiken	Protestanten	Muslime	Andere Religionen, konfessionslos	Schulden/Einohner[b]	Mindestsicherungsquote[c]
(Jahr)	(2018)	(2018)	(2018)	(2017)	(2017)	(2018)	(2011)	(2011)	(2011)	(2011)	(2019)	(2017)
BW	16,0	40	3,2	45064	24552	57,5	37	33	6	24	4657	6
BY	14,2	34	2,9	46698	24963	52,3	55	21	4	20	1994	5
BE	21,8	15	8,1	38864	20330	53,8	9	19	8	63	14.876	18
BB	4,9	27	6,3	28473	20225	36,7	3	17	–	80	7139	9
HB	19,2	29	9,8	48586	21384	52,1	12	41	10	36	35.138	18
HH	16,9	18	6,3	63927	24404	61,9	10	30	8	52	17.789	13
HE	17,4	26	4,6	45107	23092	56,7	25	40	7	29	8388	9
MV	4,8	23	7,9	27160	19190	47,8	3	18	–	79	5844	11
NI	10,2	33	5,3	36178	21920	57,8	18	50	3	30	9328	9
NW	14,8	28	6,8	38276	22263	53,7	42	28	8	23	12.565	12
RP	11,8	35	4,4	35316	22731	60,5	45	31	4	20	10.664	7

(Fortsetzung)

Tab. 2.4 (Fortsezung)

	Ausländer (in %)	Produzierendes Gewerbe[a]	Arbeitslosenquote (%)	BIP/Einwohner (abs.)	Einkommen/Einwohner	Zufriedene Demokraten	Katholiken	Protestanten	Muslime	Andere Religionen, konfessionslos	Schulden/Einohner[b]	Mindestsicherungsquote[c]
SL	12,4	34	6,1	35710	20527	57,4	63	19	3	14	17.734	11
SN	5,1	32	6,0	29960	19920	31,4	4	21	–	75	1010	9
ST	5,1	33	7,7	27651	19537	38,9	4	14	–	81	10.817	12
SH	8,8	25	5,5	32404	22864	57,6	6	53	3	38	11.921	10
TH	5,1	35	5,5	28855	19738	36,1	8	24	–	68	7916	8

[a]Anteil an der Bruttowertschöpfung in jeweiligen Preisen in %
[b]Schulden der Länder und Gemeinden/Gemeindeverbände je Einwohner; Stand: 30. Juni 2019
[c]Mindestsicherungsquote = Anteil der Empfängerinnen und Empfänger von Mindestsicherungsleistungen an der Gesamtbevölkerung (Sozialhilfe, Grundsicherung für Arbeitsuchende etc.)

Ämter der Länder 2019). Der gebräuchlichste Indikator zur Messung der Wirtschaftskraft von Gebietskörperschaften ist das Bruttoinlandsprodukt (BIP) pro Kopf. Mit dem BIP erfasst werden alle in einer Volkswirtschaft hergestellten Waren und Dienstleistungen. Das ist ein Maß, das die Wirtschaftskraft nur ungenau misst. Für Länder gilt das ganz besonders, weil deren Wirtschaft in hohem Maße über Landesgrenzen hinweg verflochten ist. Doch mangels einer besseren Alternative lässt sich auf dieser Grundlage immerhin feststellen, dass das BIP pro Kopf in Hamburg am höchsten und in den ostdeutschen Ländern am niedrigsten ist. In Hamburg lag es 2017 mit knapp 64.000 EUR mehr als doppelt so hoch wie in den fünf ostdeutschen Ländern. Damit korrespondiert, dass die Arbeitslosenquote in den süddeutschen Ländern vergleichsweise gering ist und in den ostdeutschen mit durchschnittlich 6,8 % rund 2 Prozentpunkte über dem Bundesdurchschnitt liegt.

Diese Unterschiede schlagen sich beim Einkommen nieder. Hier liegt Bayern an der Spitze, wo jeder Einwohner 2017 durchschnittlich knapp 25.000 EUR zur Verfügung hatte und damit rund 10 % mehr als im Bundesdurchschnitt. Die Einwohner in den fünf ostdeutschen Ländern hatten dagegen ein Einkommen, das mindestens 20 Prozentpunkte unter dem bayerischen Spitzenwert lag und mindestens 10 Prozentpunkte unter dem Bundesdurchschnitt. Erstaunlich sind auch die Unterschiede in der Wirtschaftsstruktur. Der Anteil des produzierenden Gewerbes – wie Maschinenbau, Chemieindustrie, Automobil – beträgt in Baden-Württemberg 40 % und in den Stadtstaaten Berlin und Hamburg lediglich 15 bzw. 18 %. Dagegen ist in diesen Ländern der Dienstleistungssektor besonders groß.

Neben sozioökonomischen und demographischen Unterschieden sind auch kulturelle Differenzen festzustellen. Die Bundesrepublik Deutschland gilt als säkulares Land, in dem Religion Privatsache ist und sich der Staat neutral verhält. Diese Prinzipien gelten selbstredend auch in den Ländern. Gleichwohl üben Religion und die damit verbundene Kultur einen spürbaren Einfluss auf das öffentliche Leben und die Politik aus. Auch hier sind die Unterschiede zwar wenig überraschend, aber in ihrer Ausprägung doch recht erstaunlich (Statistisches Bundesamt 2019c).

Der Anteil der Katholiken in den Bundesländern liegt zwischen 3 und 63 %, bei den Protestanten zwischen 14 und 53 %, in den westdeutschen Ländern variiert der Anteil der Muslime zwischen 3 und 10 % (für die ostdeutschen Länder liegen keine Angaben vor).

Von der Weimarer Republik wird bisweilen behauptet, es sei eine Demokratie ohne Demokraten gewesen. Und genau daran sei sie zugrunde gegangen. Vor diesem Hintergrund gibt eine 2019 veröffentlichte Untersuchung der Bertelsmann-Stiftung Anlass zur Sorge (Faus et al. 2019). Denn sie kommt unter anderem zu folgenden Befunden: Zwar habe eine Mehrheit der Befragten 2018 die Demokratie noch als beste Staatsform betrachtet, die Tendenz sei allerdings sinkend und zum Vorjahr um sieben Prozentpunkte zurückgegangen (von 76 auf 69 %). Der Anteil der „zufriedenen Demokraten", die der Demokratie als Staatsform und als gelebte Praxis positiv gegenüberstehen, ist von 53 (2017) auf 46 % (2018) der Befragten gesunken. Schließlich sei die Akzeptanz der Demokratie als Staatsform in den östlichen Bundesländern geringer als in den westlichen. Zufriedene Demokraten sind in allen ostdeutschen Bundesländern in der Minderheit. In Sachsen sind sogar weniger als ein Drittel der Befragten als zufriedene Demokraten einzuordnen (Faus et al. 2019, S. 7 f. und passim).

Vollkommen anders fällt das Bild aus, wenn die Schulden der öffentlichen Hand und die Mindestsicherungsquote betrachtet werden. In diesem Bereich schneiden die ostdeutschen Länder überdurchschnittlich gut ab. Jedenfalls lag die pro-Kopf-Verschuldung dieser Länder, Gemeinden und Landkreise deutlich unterhalb des Bundesdurchschnitts, während der Anteil der Empfänger von Sozialhilfe, Grundsicherung für Arbeitslose etc. zwischen 9 und 12 % lag. In Hamburg und Bremen betrug 2019 der Schuldenstand pro Einwohner 14.876 bzw. 35.138 EUR. Gleichzeitig bezog in Bremen nahezu jeder Fünfte Sozialhilfe oder war auf Grundsicherung angewiesen (Statistisches Bundesamt 2019d, S. 237).

Die demographischen, ökonomischen und kulturellen Differenzen unterstreichen die bundesstaatliche Vielfalt und verweisen darauf, dass sich keineswegs ohne Weiteres von gleichwertigen Lebensbedingungen sprechen lässt.

3 Bund und Länder: verfassungsrechtliche Grundlagen und politikwissenschaftliche Erklärungsansätze

Zusammenfassung

Im dritten Kapitel des Lehrbuches werden die beiden verfassungsrechtlichen Ebenen im deutschen Bundesstaat untersucht sowie politikwissenschaftliche Erklärungsansätze zum deutschen Föderalismus vorgestellt. Beantwortet werden dabei folgende Fragen: Was sind die grundlegenden verfassungsrechtlichen Prinzipien für Aufbau und Funktionsweise des Bundesstaates? Sind Landesverfassungen überhaupt Verfassungen und warum unterscheiden sie sich? Wie erklären politikwissenschaftliche Ansätze die Funktionsweise und Leistungsfähigkeit des Bundesstaates und welche Rolle wird in diesen Theorien den Ländern zugewiesen?

3.1 Grundgesetz: Länder im deutschen Bundesstaat

Der Begriff Föderalismus hat seinen Ursprung im lateinischen Wort *foedus,* mit dem ein Bund, ein Bündnis oder ein Vertrag bezeichnet wird. Im kooperativen Föderalismus der Bundesrepublik Deutschland scheint diese Vorstellung noch immer auf. Denn der deutsche Bundesstaat ist ein Organisationsprinzip für ein Gemeinwesen, „in dem grundsätzlich gleichberechtigte und eigenständige Glieder zu einer übergreifenden politischen

Gesamtheit zusammengeschlossen sind" (Laufer und Münch 2010, S. 16). Es versteht sich, dass ein *foedus,* der sich aus 16 gleichberechtigten und eigenständigen Mitgliedern zusammensetzt, nicht immer reibungslos funktionieren kann. Die komplizierten Regelungen im Grundgesetz und in den Landesverfassungen belegen dies.

„Die Bundesrepublik Deutschland ist ein demokratischer und sozialer Bundesstaat." So heißt es in Art. 20 Abs. 1 des Grundgesetzes. Der Bundesstaat ist also ein Verfassungsprinzip, und alle wichtigen Fragen zur Funktionsweise des Bundesstaates sollten in der bundesdeutschen Verfassung, im Grundgesetz, Antworten finden. Und grundsätzlich ist dies auch so. Der Bundesstaat ist in der Verfassung des Bundes geregelt. Allerdings sind die Antworten, die das Grundgesetz gibt, nicht immer eindeutig, bisweilen unvollständig und wurden zudem immer mal wieder geändert. Nicht wenige meinen sogar wie der im ersten Kapitel zitierte Dietrich Austermann (2019), dass die Väter und Mütter des Grundgesetzes sich einen ganz anderen Bundesstaat vorgestellt hätten, als wir ihn heute haben. Doch unbeschadet der Änderungen des Grundgesetzes sind für die Ausgestaltung des deutschen Bundesstaates und die Rolle, die den Ländern darin zukommt, fünf verfassungsrechtliche Prinzipien ausschlaggebend. Sie prägen das Verhältnis zwischen Bund und Ländern und beschreiben den Rahmen für die politischen Ordnungen in den deutschen Gliedstaaten (Vogel 1995; Laufer und Münch 2010, S. 91–102; Leunig und Reutter 2012; Münch 2012).

(1) *Ewigkeitsklausel:* Zuerst zu nennen ist die Ewigkeitsklausel in Art. 79 Abs. 3 GG. Nach dieser Klausel ist eine Änderung des Grundgesetzes, „durch welche die Gliederung des Bundes in Länder, die grundsätzliche Mitwirkung der Länder bei der Gesetzgebung oder die in den Artikeln 1 und 20 niedergelegten Grundsätze berührt werden, […] unzulässig." Bund und Länder genießen damit eine umfassende Bestandsgarantie. Der Bundesstaat kann nicht abgeschafft werden, solange das Grundgesetz gilt. Das heißt nicht, dass die Länder in den bestehenden Grenzen existieren müssen (Abschn. 2.2). Vielmehr sagt die

Ewigkeitsklausel nur, dass es einen Bund und mindestens zwei Bundesländer geben muss. Außerdem sagt die Ewigkeitsklausel, dass Gliedstaaten an der Gesetzgebung des Bundes mitwirken dürfen. Aktuell geschieht dies durch den Bundesrat, der Vertretung der Länder auf Bundesebene (Abschn. 7.1). Ein Bundesstaat ist allerdings auch ohne eine solche Ewigkeitsklausel denkbar. Doch diese verweist auf die große Bedeutung, die die Verfassungsväter und -mütter diesem Verfassungsprinzip eingeräumt haben. Demokratie und Bundesstaat sind in der Bundesrepublik Deutschland verfassungsrechtlich untrennbar verknüpft (Vogel 1995, S. 1049–1053; Laufer und Münch 2010, S. 26–29; Hesse 1993, S. 89–110). Eine Konzentration politischer Macht in einer Instanz und auf einer staatlichen Ebene ist damit ausgeschlossen. Die Demokratie ist nach dem Grundgesetz nur als Bundesstaat zu haben, und der Bundesstaat kann nur demokratisch sein.

(2) *Duale Staatsstruktur:* Ein zweites wichtiges Prinzip besteht in der dualen Struktur des Bundesstaates. Gemeint ist damit, dass beide, Bund und Länder, Staatsqualität besitzen. Was ein Staat ist, ist nicht ganz einfach zu definieren. Verbreitet ist die Drei-Elemente-Lehre des Staatsrechtlers Georg Jellinek (1851–1921). Nach Jellinek (1914, S. 394–434) ist ein Staat durch dreierlei gekennzeichnet: durch ein Staatsvolk, durch ein Staatsgebiet und durch Staatsgewalt (Leunig und Reutter 2012, S. 746–752; Kriele 1994, S. 76–80). Dieser Staatsbegriff ist aus vielerlei Gründen kritisiert worden. Auf die Länder ist er nicht anwendbar. Denn offensichtlich verfügen die Länder nicht über uneingeschränkte Staatsgewalt. Sie können nicht einmal selbstständig bestimmen, wer zum Staatsvolk gehört, denn dies ist Bundesangelegenheit. Der Bund wirkt durch seine Gesetzgebung direkt in die Länder ein und übt dort Staatsgewalt aus (wie auch die Länder via Bundesrat an der Ausübung der Staatsgewalt auf Bundesebene mitwirken). Allerdings verfügen Bund und Länder über das Privileg, die für die Ausübung von Staatsgewalt notwendigen Einrichtungen zu unterhalten, also Regierungen, Verwaltungen, Parlamente und Gerichte. Und die Länder müssen ausreichende legislative Kompetenzen und Finanzmittel

besitzen, um ihre Aufgaben erfüllen zu können. Die Länder sind damit dem Bund prinzipiell gleichgeordnet. Gleichzeitig ist der Bund als Oberstaat den Ländern übergeordnet. Bundesrecht bricht nach Art. 31 GG Landesrecht. Anders lässt sich eine Einheit aus der Vielfalt, eine Republik aus 16 gleichberechtigten und selbstständigen Mitgliedern nicht herstellen.

(3) *Die Kompetenzverteilung zwischen Bund und Ländern:* Mit dem eben Gesagten geht ein drittes wichtiges verfassungsrechtliches Prinzip einher: die Kompetenzverteilung zwischen Bund und Ländern (Abb. 3.1). Das Grundgesetz scheint in dieser Hinsicht eindeutig. Es unterstellt eine Zuständigkeitsvermutung zugunsten der Länder und postuliert, dass die „Ausübung der staatlichen Befugnisse" und die „Erfüllung der staatlichen Aufgaben [...] Sache der Länder" sei (Art. 30 GG). Diese grundsätzliche Allzuständigkeit der Länder ist aber mit einer wichtigen Einschränkung versehen. Denn sie gilt nur, „soweit" das Grundgesetz nichts anderes bestimmt. Und dieses „Soweit", also die Ausnahme, ist in der Verfassungspraxis wichtiger als das zuerst genannte Prinzip der Allzuständigkeit. Denn das Grundgesetz hat dem Bund eine ganze Reihe von Gesetzgebungskompetenzen

Kompetenzen nach Staatsfunktionen	Bund	Länder
Gesetzgebung	Fast alle Gesetzgebungskompetenzen (ausschließliche und konkurrierende Gesetzgebung des Bundes)	Wenig eigene Gesetzgebungskompetenzen (ausschließliche Gesetzgebung der Länder; Polizei, Bildung, Kommunalverfassung etc.)
Verwaltung	Wenige eigene Verwaltungskompetenzen; meist nur Rechtsaufsicht bei der Ausführung der Gesetze durch die Landesverwaltungen	Fast alle Verwaltungskompetenzen; Ausführung fast aller Bundesgesetze und der Landesgesetze
Rechtsprechung	Acht Bundesgerichte (einschließlich Bundesverfassungsgericht)	1078 Gerichte (einschl. 16 Landesverfassungsgerichte)

Abb. 3.1 Kompetenzverteilung zwischen Bund und Ländern nach dem Grundgesetz. (Quelle: nach Bogumil und Jann 2009, S. 76; eigene Ergänzungen)

übertragen, während die Länder meist für die Ausführung dieser Gesetze – als „eigene Angelegenheit" (Art. 83 GG) oder im Auftrage des Bundes (Art. 85 GG) – zuständig sind. In diesem Kontext ist auch die Bestimmung zu erwähnen, dass der Bund bei einer Reihe von Gebieten das Gesetzgebungsrecht hat, „wenn und soweit die Herstellung gleichwertiger Lebensverhältnisse im Bundesgebiet oder die Wahrung der Rechts- oder Wirtschaftseinheit im gesamtstaatlichen Interesse eine bundesgesetzliche Regelung erforderlich macht" (Art. 72 Abs. 2 GG).

Die 2006 verabschiedete Föderalismusreform hat in diesem Bereich einige wichtige Änderungen eingeführt mit dem Ziel, die Kompetenzen zwischen Ländern und Bund klarer zu trennen. Für die Länder hieß dies vor allem, dass die Gesetzgebungskompetenz für einige Materien, für die bis dahin der Bund zuständig war, an die Länder übertragen wurde (Beamtenrecht, Versammlungsrecht, Strafvollzug, Besoldungsrecht, Naturschutz etc.). Außerdem wurde bei bestimmten Gegenständen der konkurrierenden Gesetzgebung und der Verwaltungsangelegenheiten die Möglichkeit der „Abweichungsgesetzgebung" geschaffen (Art. 72 Abs. 3 und Art. 84 GG). Danach können die Länder bei bestimmten Gegenständen vom Bund „abweichende Regelungen treffen" (Art. 72 Abs. 3 GG; vgl. auch Härtel 2012; Schmidt-Jortzig 2012; Laufer und Münch 2010, S. 115–136; Münch 2019).

Die Aufteilung der Kompetenzen zwischen Bund und Ländern folgt also vor allem entlang von Staatsfunktionen (nicht nach Politikbereichen). Es gibt zwar auch Ausnahmen, doch ändert dies nichts an dem generellen Verteilungsprinzip: der Bund verabschiedet die (wichtigen) Gesetze, die Länder führen diese Gesetze aus. Dieses Verteilungsprinzip bestimmt das Verfassungsleben und die Beziehungen zwischen Bund und Ländern. Diese Art der Kompetenzverteilung entlang der Staatsfunktionen hat weitreichende Folgen und zwar sowohl in demokratie- wie steuerungstheoretischer Hinsicht. Wir werden darauf gleich noch einmal zurückkommen, wenn wir die politikwissenschaftlichen Erklärungsansätze diskutieren (Abschn. 3.3). In eigener Zuständigkeit Gesetze erlassen können die Länder etwa im Bereich der Bildung, des Kommunal- und Polizeiwesens, der

Infrastruktur- und regionalen Wirtschaftspolitik, der Ausländer- und Integrationspolitik, der Medien sowie der Verkehrs- und Verwaltungspolitik. Darüber hinaus beschließen sie Regelungen zur Ausführung der vom Bundestag verabschiedeten Gesetze.

(4) *Homogenitätsgebot:* Das Grundgesetz regelt nicht nur das Verhältnis zwischen Bund und Ländern, sondern enthält auch das sogenannte Homogenitätsgebot. Danach muss die verfassungsmäßige Ordnung in den Ländern „den Grundsätzen des republikanischen, demokratischen und sozialen Rechtsstaates im Sinne dieses Grundgesetzes entsprechen" (Art. 28 Abs. 1 GG). „Entsprechen" heißt in diesem Kontext nicht: „identisch sein". Die verfassungsmäßigen Ordnungen der Länder können also die genannten Grundsätze unterschiedlich konkretisieren. Uneingeschränkt verlangt wird gleichwohl, dass die Länder eine republikanische Herrschaftsordnung errichten (eine Monarchie ist ebenso wenig möglich wie eine Autokratie), dass die Ausübung der Staatsgewalt an Verfassung und Gesetz gebunden ist und durch unabhängige Gerichte kontrolliert werden kann (Rechtsstaat) und dass den Bürgerinnen und Bürgern ein Mindestmaß an sozialer Sicherheit gewährt wird (Sozialstaat). In jedem Bundesland müssen darüber hinaus Parlament und Regierung demokratisch zustande kommen. Offen bleibt allerdings, wie das Demokratieprinzip umgesetzt wird. Grundsätzlich sind die Länder in der Ausgestaltung ihrer Regierungssysteme frei (Leunig 2012, S. 56–59). Hier besitzen die Länder – anders als bei den anderen genannten Prinzipien – also durchaus Gestaltungsfreiheit. Wir werden noch sehen, ob sie diese Freiheit genutzt haben.

(5) *Bundes-/länderfreundliches Verhalten:* Das fünfte und letzte verfassungsrechtliche Prinzip steht nicht direkt im Grundgesetz. Es ist ungeschriebenes Verfassungsrecht und ergibt sich aus Urteilen des Bundesverfassungsgerichtes. Danach gehen Bund und Länder ein „wechselseitiges Treuverhältnis" ein, d. h. der Bund muss sich länderfreundlich und die Länder müssen sich bundesfreundlich verhalten (Laufer und Münch 2010, S. 101 f.; Vogel 1995, S. 1061–1063). Daraus erwächst nicht nur die Pflicht, aufeinander Rücksicht zu nehmen, sondern das Prinzip

des bundesfreundlichen Verhaltens schließt ein, dass Länder sich gegenseitig (finanziell) in Notlagen unterstützen oder dass Verwaltungen zusammenarbeiten. Der Grundsatz des bundesfreundlichen Verhaltens macht es übrigens unmöglich, dass ein Bundesland den Bund verlässt. Ein „BRDexit", ein „Exit" eines Bundeslandes aus der Bundesrepublik Deutschland, ist nicht möglich.

3.2 Landesverfassungen: die politischen Ordnungen in den Ländern

Landesverfassungen regeln die innere Ordnung in den Ländern. Sie können zwar Bekenntnisse zu Europa enthalten oder postulieren, dass ein Land Teil der Bundesrepublik Deutschland ist. Das sind aber allein nach innen gerichtete verfassungsrechtliche Bestimmungen. Zudem haben Grundgesetz und Bundesgesetze grundsätzlich Vorrang (Ausnahme ist hier allein die oben angeführte Abweichungsgesetzgebung nach Art. 72 Abs. 3 und 84 GG). Das wirft unmittelbar die Frage auf, ob Landesverfassungen nicht so „im Schatten des Grundgesetzes" (Möstl 2005) stehen, dass sie auf die Verfassungswirklichkeit in den Ländern nur wenig oder vielleicht sogar gar keine Auswirkungen haben. Mehr noch: Sind Landesverfassungen überhaupt Verfassungen?[1]

Eine gute Verfassung muss kurz und unklar sein. Kurz, damit sie leicht handhabbar ist, und unklar, damit sie nach Bedarf ausgelegt werden kann. Das ist ein schönes und vielzitiertes Bonmot, das Napoléon Bonaparte zugeschrieben wird (Simon 2004, S. 406). Dieter Grimm (1994, S. 11) liebt es nüchterner. Für ihn regelt eine Verfassung zweierlei: den Staatsaufbau und das Verhältnis zwischen Gesellschaft und Staat. Und Dieter Grimm sollte es wissen. Denn er war Professor für öffentliches Recht und von 1987 bis 1999 Richter am Bundesverfassungsgericht. Alle Landesverfassungen entsprechen dieser Definition mehr

---

[1]Das Weitere lehnt sich an an Reutter (2008, S. 45–68) und Reutter (2018b, S. 53–59).

oder weniger. Zudem sollte eine Verfassung vom Souverän angenommen werden. Denn diejenigen, für die die Verfassung gilt, sollten ihr auch zugestimmt haben. Verfassung ist in dieser Perspektive ein Gesellschafts- oder Herrschaftsvertrag, den die Mitglieder der politischen Gemeinschaft geschlossen haben. So jedenfalls sind die grundlegenden theoretischen Ansprüche, die an eine legitime Verfassung gestellt werden (Elster 1994). Wir wollen im Weiteren untersuchen, ob und inwieweit Landesverfassungen solchen Ansprüchen genügen und welchen Inhalt sie haben (Reutter 2018b; Pestalozza 2014a). Zuerst zur Entstehung von Landesverfassungen (s. Tab. 3.1).

Im heutigen Staatsgebiet der Bundesrepublik Deutschland sind seit 1945 insgesamt 24 Landesverfassungen in Kraft getreten.[2] Darin eingeschlossen sind die fünf Verfassungen der Länder der Sowjetischen Besatzungszone, die 1947 in Kraft traten, allerdings bereits 1952 auch formal bedeutungslos wurden. Zudem sind die 1946/1947 beschlossenen Verfassungen von Baden, Württemberg-Baden und Württemberg-Hohenzollern mit dem Zusammenschluss der drei Länder zu Baden-Württemberg und der Verabschiedung einer neuen Landesverfassung 1953 außer Kraft getreten. Beratung, Verabschiedung und Annahme aller Landesverfassungen folgten – trotz aller gewichtigen Unterschiede im Detail – einer ähnlichen Dramaturgie (Pfetsch 1990, S. 29–61; Stiens 1997, S. 53–74; Reutter 2008, S. 50; Hölscheidt 1995), die sich in drei Akten entfaltete: vorparlamentarische Phase – verfassunggebende Versammlung – Entscheidung.

Verfassunggebende Landesversammlungen wurden dabei lediglich in den Ländern der amerikanischen Besatzungszone gewählt. In den anderen Bundesländern übernahm das Landesparlament die Aufgabe der Beratung (bzw. ein vom Landesparlament eingesetzter

---

[2]Nicht berücksichtigt sind die 1948 verabschiedete Vorläufige Verfassung von Groß-Berlin, die Vorläufige Verfassung der Hansestadt Hamburg von 1946, das Staatsgrundgesetz des Staates Groß-Hessen von 1945 sowie das Vorläufige Landesgrundgesetz von Nordrhein-Westfalen von 1946; außerdem wurde die 1995 in Kraft getretene Berliner Verfassung nicht gesondert gezählt.

3.2 Landesverfassungen: die politischen Ordnungen ...

Tab. 3.1 Annahme der Landesverfassungen in den westlichen Besatzungszonen und den neuen Bundesländern. (Quelle: Reutter 2008, S. 48 m. w. N.)

Land	In Kraft getreten am	Annahme der Verfassung durch ...			
		Konstituante (in % der ...)		Volksentscheid (in % der ...)	
		Abgegebenen Stimmen	Gesetzlichen Mitglieder	Gültigen Stimmen	Stimmberechtigten
Amerikanische Besatzungszone					
Bayern	08.12.1946	90,7	75,5	70,6	49,6
Bremen	22.10.1947	96,4	81,0	72,4	45,1
Hessen	01.12.1946	93,2	91,1	76,8	48,8
Württemberg-Baden	b(28.11.1946)	98,9	88,0	86,8	49,2
Französische Besatzungszone					
Baden	b(22.05.1947)	76,9	65,5	67,9	42,8
Rheinland-Pfalz	18.05.1947	69,3	55,1	52,9	35,2
Saarland	17.12.1947	98,0	96,0	–	–
Württemberg-Hohenzollern	b(20.05.1947)	80,7	70,8	69,8	43,6
Britische Besatzungszone					
Hamburg	01.07.1952	97,3	89,2	–	–
Niedersachsen	01.05.1951	77,5	71,8	–	–

(Fortsetzung)

Tab. 3.1 (Fortsetzung)

Land	In Kraft getreten am	Annahme der Verfassung durch …		Volksentscheid (in % der …)	
		Konstituante (in % der…)			
		Abgegebenen Stimmen	Gesetzlichen Mitglieder	Gültigen Stimmen	Stimmberechtigten
Nordrhein-Westfalen	11.07.1950	53,1	50,9	61,8	40,8
Schleswig-Holstein	12.01.1950	91,8	64,3	–	–
Neue Bundesländer[a]					
Brandenburg	21.08.1992	82,8	81,8	94,0	44,8
Mecklenburg-Vorpommern	[c]23.05.1993	85,5	80,3	60,1	38,4
Sachsen	06.06.1992	87,4	82,5	–	–
Sachsen-Anhalt	18.07.1992	75,5	75,5	–	–
Thüringen	16.10.1994	84,6	84,1	74,2	50,5
Sonderfälle					
Berlin	01.10.1950	100,0	80,0	[d]75,1	48,0
Baden-Württemberg	20.11.1953	89,5	64,2	–	–

[a]Die in den Ländern der SBZ 1946/1947 verabschiedeten Verfassungen wurden im Juni 1952 bedeutungslos
[b]die Verfassungen Württemberg-Badens, Badens und Württemberg-Hohenzollerns traten 1953 außer Kraft
[c]die Verfassung in Mecklenburg-Vorpommern trat am 23. Mai 1993 vorläufig in Kraft, sie wurde per Referendum am 12. Juni 1994 bestätigt und trat mit Ablauf der ersten Wahlperiode endgültig in Kraft
[d]der Volksentscheid bezieht sich auf die Verfassung von 1995

Ausschuss). Zudem wurde in einigen Landesparlamenten die rechtliche Grundordnung mit nur knapper Mehrheit angenommen (Tab. 3.1). In Nordrhein-Westfalen, Schleswig-Holstein und Rheinland-Pfalz stimmten sogar weniger als zwei von drei gewählten Abgeordneten für den vorgelegten Verfassungsentwurf. Die Verfassungen wurden folglich von Mehrheiten angenommen, die geringer waren als für deren spätere Änderung erforderlich sein sollten! In Nordrhein-Westfalen votierten sogar lediglich knapp 51 % der Mitglieder des Landtages für den vorgelegten Entwurf. Noch geringer fiel die Zustimmung aus, wenn eine Landesverfassung den Wählerinnen und Wählern zur Annahme vorgelegt wurde. In den acht Volksentscheiden, mit denen Landesverfassungen in Kraft gesetzt wurden, votierte zwar jeweils eine klare Mehrheit der Abstimmenden für den jeweiligen Entwurf. Doch allein in Thüringen stimmte über die Hälfte der Wahlberechtigten für die Verfassung, nämlich 50,5 %. In den anderen Ländern blieb die Zustimmung meist deutlich unter der 50-Prozent-Marke. In Rheinland-Pfalz fand die Verfassung gerade einmal bei rund 35 % der Stimmberechtigten Unterstützung (Tab. 3.1). Hier stellt sich durchaus die Frage, ob ein solcher Volksentscheid die „Legitimität und Integrationskraft" einer Verfassung nicht eher schwächt als stärkt (Steinberg 1992, S. 516) oder ob ein Verfassungsreferendum ohnehin nur eine Art „demokratisches Placebo" ist (Isensee 1991, S. 219).

Neben der Frage, wie Landesverfassungen zustande gekommen sind, interessiert vor allem: Was steht in den Landesverfassungen? Und warum unterscheiden sie sich? Alle Landesverfassungen enthalten Regelungen zum Staatsaufbau und zur politischen Ordnung (Tab. 3.2). Alle folgen in Grundzügen dem Grundgesetz und etablieren ein System, in dem die Regierung abhängig ist vom Landesparlament (Leunig 2012). Es gibt allerdings auch wichtige Abweichungen, auf die noch einzugehen sein wird (Kap. 6). Die meisten Verfassungen enthalten zudem einen Katalog von Grundrechten, manche sogar Grundpflichten sowie Staatszielbestimmungen und Regelungen zum Gemeinschaftsleben. Es sind also Vollverfassungen. Nur wenige Länder haben darauf verzichtet, Grundrechte in ihre Verfassungen aufzunehmen. Die Verfassung von Hamburg postuliert lediglich, dass die Freie und Hansestadt

Tab. 3.2 Landesverfassungen: Regelungsbereiche (Urverfassungen). (Quelle: Lorenz und Reutter 2013, S. 153; Flick 2008, S. 224 f.)

	Anzahl der Artikel								Gesamt (Urverfassung)
	Grundrechte Grundpflichten, Staatsziele[a]		Staatsorganisation[b]		Staatsfunktionen[c]		Andere Gegenstände[d]		
	Abs.	(%)	Abs.	(%)	Abs.	(%)	Abs.	%	Abs.
Landesverfassungen aus den Jahren 1946/1947									
Hessen	65	(43,0)	41	(27,2)	35	(23,1)	10	(6,6)	151
Bayern	93	(49,2)	47	(24,9)	38	(20,1)	11	(5,8)	189
Bremen	69	(44,2)	53	(34,0)	28	(17,9)	6	(3,8)	156
Saarland	65	(48,5)	33	(24,6)	31	(23,1)	5	(3,7)	134
Rheinland-Pfalz	77	(53,1)	28	(19,3)	32	(22,1)	8	(5,5)	145
Landesverfassungen aus den Jahren 1950/1952									
Schleswig-Holst.	9	(15,0)	27	(45,0)	21	(35,0)	3	(5,0)	60
Nordrhein-Westf.	30	(32,3)	35	(37,8)	24	(25,8)	4	(4,3)	93
Berlin	38	(37,3)	21	(20,6)	37	(36,3)	6	(5,9)	102
Niedersachsen	6	(7,7)	34	(43,6)	31	(39,7)	7	(9,0)	78
Baden-Württemberg	27	(28,4)	31	(32,6)	27	(28,4)	10	(10,5)	95
Hamburg	6	(7,8)	42	(54,5)	25	(32,5)	4	(5,2)	77

(Fortsetzung)

Tab. 3.2 (Fortsetzung)

	Anzahl der Artikel								Gesamt (Urverfassung)
	Grundrechte Grundpflichten, Staatsziele[a]		Staatsorganisation[b]		Staatsfunktionen[c]		Andere Gegenstände[d]		
	Abs.	(%)	Abs.	(%)	Abs.	(%)	Abs.	%	Abs.
Landesverfassungen aus den Jahren 1992/1993									
Brandenburg	55	(46,6)	34	(28,8)	25	(21,2)	4	(3,4)	118
Mecklenburg-Vor.	20	(24,7)	32	(39,5)	26	(32,1)	3	(3,7)	81
Sachsen	51	(41,5)	31	(25,2)	31	(25,2)	10	(8,1)	123
Sachsen-Anhalt	41	(40,2)	33	(32,4)	26	(25,5)	2	(2,0)	102
Thüringen	48	(44,9)	31	(29,0)	25	(23,4)	3	(2,8)	107

[a]Grundrechte, Grundpflichten, Sozialleben, Staatsziele, Grundlagen des Staates
[b]Regelungen zur Regierung und zum Landesparlament
[c]Legislative, Verwaltung (einschl. Finanzen), und Rechtsprechung;
[d]Übergangs- und Schlussbestimmungen

ein „demokratischer und sozialer Rechtsstaat" ist (Art. 3 Abs. 1 HmbVerf). Die Unterschiede zwischen den Landesverfassungen lassen sich dabei auf zwei Faktoren zurückführen: auf den historischen Kontext, in dem sie entstanden sind (a), sowie auf die parteipolitischen Mehrheitsverhältnisse in den verfassunggebenden Körperschaften (b).

(a) Es fällt unmittelbar auf, dass Landesverfassungen, die vor dem Grundgesetz in Kraft traten, alle über einen umfassenden Katalog von Rechten, Pflichten und Staatszielen verfügen (Tab. 3.2). Das überrascht nicht. Denn 1946/1947 war noch vollkommen unklar, wie das Grundgesetz aussehen würde. Die verfassunggebenden Landesversammlungen zogen daher – wie später der Parlamentarische Rat – ihre Lehren aus Weimar und wollten sicherstellen, dass Grund- und Menschenrechte gewährleistet sind und Demokratie gesichert wird. Anders war die Ausgangslage in den Ländern der ehemaligen britischen Besatzungszone. In diesen Ländern wurden die Verfassungen nach dem Inkrafttreten des Grundgesetzes beraten und verabschiedet. Die verfassunggebenden Versammlungen konnten also die im Grundgesetz enthaltenen Grund- und Menschenrechte voraussetzen. Sie konzentrierten sich daher auf den staatsorganisatorischen Teil oder verabschiedeten sogar lediglich eine „Vorläufige Verfassung" (Niedersachsen) bzw. eine „Landessatzung" (Schleswig-Holstein), die beide fast ohne eigenständige Grundrechte auskamen. Auch in den Verfassungen von Baden-Württemberg und Nordrhein-Westfalen finden sich nur wenige Bestimmungen zu Grundrechten (Art. 1–3 BWVerf und Art. 4 NRWVerf), allerdings vergleichsweise viele zur Sozial- und Wirtschaftsordnung, die im Grundgesetz wiederum weitgehend ungeregelt ist.

Etwas anders gelagert war der Fall Berlin. Zwar war nach dem Grundgesetz und der Berliner Verfassung vom 1. September 1950 Berlin „ein Land der Bundesrepublik Deutschland" (Art. 1 Abs. 2 VvB a. F.). Doch stand das Land unter alliiertem Vorbehalt. Es durfte nicht unmittelbar vom Bund aus regiert werden. Bundesgesetze enthielten daher eine sogenannte „Berlinklausel", mit der bestimmt wurde, dass das jeweilige Gesetz auch in Berlin gelten sollte. Außerdem musste das Abgeordnetenhaus

Berlin die Übernahme der Bundesgesetze jeweils gesondert beschließen. Die 1950 vom Abgeordnetenhaus verabschiedete Verfassung von Berlin (VvB) enthielt daher einen umfassenden Grundrechtskatalog und sollte gleichzeitig in den Ostteil der Stadt, also die Hauptstadt der DDR, ausstrahlen.

Die zwischen 1992 und 1994 in Kraft getretenen Verfassungen der neuen Bundesländer sind ebenfalls Vollverfassungen mit zum Teil extensiven Grundrechtskatalogen und Staatszielbestimmungen. Lediglich die Verfassung von Mecklenburg-Vorpommern enthält wenige Grundrechte und macht mit Art. 5 Abs. 3 MVVerf – wie die Verfassungen von Baden-Württemberg, Niedersachsen und Nordrhein-Westfalen – die „im Grundgesetz der Bundesrepublik Deutschland festgelegten Grundrechte und staatsbürgerlichen Pflichten" zum „Bestandteil" der Landesverfassung.

Auch die Bestimmungen zur direkten Demokratie waren unmittelbar beeinflusst vom Entstehungskontext. Während die Landesverfassungen, die älter sind als das Grundgesetz, von Beginn an dem „Volk" die Möglichkeit einräumten, autoritativ über Gesetze zu beschließen, schufen die anderen Länder diese Möglichkeit erst nach und nach (Abschn. 4.2).

(b) Neben dem historischen Kontext waren vor allem die parteipolitischen Mehrheitsverhältnisse in den verfassunggebenden Gremien wichtig für den Inhalt der Landesverfassungen (Reutter 2008, S. 49–53, 2018b, S. 53–59; Pfetsch 1990): Zum einen vertraten die Parteien unterschiedliche weltanschauliche Auffassungen, die in den Landesverfassungen ihren Niederschlag fanden (Pfetsch 1985, S. 133). Während zum Beispiel in den christlich-demokratisch dominierten süddeutschen Bundesländern christlichen Grundwerten in den Landesverfassungen eine prominente Rolle zugewiesen wurde, wurde in sozialdemokratisch regierten Ländern wie Hessen und Bremen vor allem die Wirtschafts- und Sozialordnung verfassungsrechtlich ausgestaltet. Allerdings ließen sich solche weltanschaulichen Grundpositionen keineswegs ohne weiteres in Verfassungsrecht überführen. Denn zum anderen besaß zum Zeitpunkt der Verfassungsgebung in keinem Land eine Partei eine Zweidrittelmehrheit, die allerdings auch nicht immer erforderlich war für die Annahme des Verfassungsentwurfes im Parlament. Doch führte in vielen Fällen das Bestreben, für die Verfassung eine möglichst große Zustimmung zu erhalten, zu Kompromissen zwischen den Parteien.

3.3 Länder und Bundesstaat in politikwissenschaftlichen Theorien

Nach André Kaiser (2012, S. 166) sollen Föderalismustheorien Antworten auf drei Fragen liefern: Warum werden föderale Systeme errichtet? Wie erhalten sie ihre Stabilität und ihre Anpassungsfähigkeit? Und wie leistungsfähig sind sie? Nach Henrik Scheller (2016) gibt es bislang keine politikwissenschaftliche Föderalismustheorie, die Antworten auf alle drei Fragen liefert. Das mag unter anderem daran liegen, dass Ursachen, Funktionsbedingungen und Leistungsfähigkeit von Bundesstaaten sich schwer mit einem einzigen theoretischen Konzept erfassen lassen. Mit einem etwas bescheideneren Anspruch lässt sich daher sagen, dass politikwissenschaftliche Theorien über den Föderalismus versuchen sollten, Voraussetzungen, Funktionsweise und Folgen des demokratischen Bundesstaates zu erklären. Sie sollten also mindestens vier Dimensionen untersuchen: erstens, den Zusammenhang von demokratischer Ordnung und bundesstaatlicher Struktur, zweitens, die Prozesse der politischen Willensbildung und Entscheidungsfindung im kooperativen Föderalismus deutscher Prägung, drittens, die Fragen, ob und inwieweit der Bundesstaat die Handlungs- und Steuerungsfähigkeit befördert oder beeinträchtigt, und schließlich viertens, welche Bedeutung den Ländern in diesen Dimensionen jeweils zukommt (vgl. auch Behnke 2015).

Auch dies ist ein ambitioniertes Unterfangen, das vor dem Hintergrund der dargestellten verfassungsrechtlichen Grundlagen nicht einfacher wird. Es sollte daher nicht überraschen, dass die genannten Fragen aus unterschiedlicher Perspektive betrachtet wurden. Dietmar Braun (2004, S. 131) nennt in einem Überblicksartikel allein fünf „wichtigst[e] theoretisch[e]

Zugänge" der – vergleichenden – Föderalismusforschung. Diese „wichtigsten" Zugänge unterteilt Braun dann noch einmal in 16 Sub-Varianten, und Braun erhebt nicht einmal den Anspruch auf Vollständigkeit (Braun 2004, S. 131).

Helms et al. (2017, S. 544–549) unterscheiden ebenfalls fünf große theoretische Debatten, die man in der „deutschen Schule" der – erneut vergleichenden – Föderalismusforschung finden könne. Ich folge im Weiteren dieser Einteilung, beschränke mich aber auf die Ansätze, die sich allein oder vorwiegend mit dem bundesdeutschen Föderalismus beschäftigen. Ich vernachlässige also Konzepte, die das europäische Mehrebenensystem aus föderalismustheoretischer Perspektive beleuchten oder den Bundesstaat aus einem finanzwissenschaftlichen Blickwinkel betrachten. Unterscheiden lassen sich auf dieser Grundlage drei „Schulen", die sich nicht immer trennscharf voneinander abgrenzen lassen.

(1) *Demokratie und Föderalismus:* Die ersten politikwissenschaftlichen Überlegungen zum Bundesstaat konzentrierten sich auf das Verhältnis von Demokratie und Föderalismus. In dieser Perspektive wird – im Anschluss an die amerikanische Verfassungsdebatte von 1777/1778 – Föderalismus als gewaltenteilende Struktur interpretiert, die vor allem dazu dienen soll, Demokratie zu sichern. Föderalismus soll einem Missbrauch staatlicher Macht vorbeugen, die Etablierung eines autoritären Regimes unmöglich machen (oder zumindest erschweren) sowie Bürgerinnen und Bürgern auf unterschiedlichen Ebenen politische Beteiligung ermöglichen (Sturm 2015; Steffani 1990, 1999). Demokratie und Föderalismus gehören in dieser Perspektive notwendig zusammen. Föderale Staaten sind demokratische Staaten, so das Credo dieser Schule, das allerdings nicht mehr ganz unumstritten ist (Benz und Kropp 2014) und auch für den deutschen Fall durchaus kritisch diskutiert wird, wie die beiden dominierenden Ansätze zeigen (Benz, A. 2009).

(2) *Politikverflechtung und Strukturbruchthese:* Der Verfassungsrechtler Konrad Hesse hat, wie oben erwähnt, Anfang der 1960er Jahre die Debatte in eine neue Richtung gelenkt. Er machte in seiner 1962 erschienen Abhandlung über den

„unitarischen Bundesstaat" darauf aufmerksam, dass sich der deutsche Föderalismus durch innere Widersprüche auszeichne: Denn die grundsätzlich dezentrale und gewaltenteilende Struktur des Bundesstaates werde unterlaufen durch Tendenzen zur Unitarisierung und Zentralisierung. Es bestehe die verfassungsrechtliche Pflicht zur Herstellung „einheitlicher" bzw. – seit 1994 – „gleichwertiger" Lebensverhältnisse (Art. 72 Abs. 2 GG), und zudem verfüge der Bund in allen wichtigen Bereichen über die Gesetzgebungskompetenz. In Verbindung mit der in den 1970er Jahren verbreiteten Vorstellung, dass der Staat Gesellschaft und Wirtschaft zielorientiert gestalten könne, hat diese verfassungsrechtliche Neuinterpretation die politikwissenschaftliche Debatte über Struktur und Funktionsweise des Bundesstaates nachhaltig befruchtet. Die beiden wichtigsten Ansätze lassen sich mit den oben genannten Begriffen „Politikverflechtung" und „Strukturbruch" beschreiben und personell zuordnen: Der Begriff der „Politikverflechtung" ist mit Fritz W. Scharpf verknüpft, die „Strukturbruchthese" wurde von Gerhard Lehmbruch entwickelt.

Gerhard Lehmbruch hat mit seiner zuerst 1976 veröffentlichten Studie eine vielbeachtete Untersuchung über den „Parteienwettbewerb im Bundesstaat" vorgelegt (Helms 2007a). Er hat diese Studie in einer dritten, stark überarbeiteten Auflage 2000 noch einmal veröffentlicht. Er untersucht – wie der Titel des Buches ankündigt – das Verhältnis von Parteienwettbewerb und Bundesstaat und kommt zu dem Schluss, dass beide nach unterschiedlichen „Logiken" oder Regeln funktionieren: Das Parteiensystem beruhe auf Konkurrenz und operiere mit Mehrheitsentscheidungen, der Bundesstaat benötige Kooperation und führe zu Kompromissen (Lehmburch 2000, S. 19). Diese beiden „Regelsysteme" sind nach Lehmbruch inkongruent und führen entweder zu einer „Legitimationslücke" (so 1976) oder zu einer „Effektivitätslücke" (so Lehmbruch 2000; vgl. Helms 2007a). Legitimationsprobleme können entstehen, weil der demokratische Parteienwettbewerb eingeschränkt oder unterlaufen wird, indem Bundesländer über den Bundesrat verhindern, dass die gewählte Bundesregierung ihr in Wahlen legitimiertes Programm umsetzen kann und weil Ergebnisse politischer Entscheidungen nicht mehr klar zuordenbar sind. Effektivitätsprobleme können entstehen, weil Kompromisszwänge zu probleminadäquaten Entscheidungen führen und notwendige Reformen verhindern können. Jedenfalls scheint die oben diskutierte Annahme, dass Föderalismus und Demokratie sich gegenseitig ergänzen und stabilisieren, zumindest fraglich (Kropp 2010, S. 56–61).

Es ist sicherlich kein Zufall, dass Fritz W. Scharpf, Bernd Reissert und Fritz Schnabel (1976) ihre Untersuchung zur Politikverflechtung im selben Jahr vorlegten wie Gerhard Lehmbruch seine Studie zum Parteienwettbewerb im Bundesstaat. Kurioserweise wollten Scharpf, Reissert und Schnabel mit ihrer Untersuchung keineswegs vorrangig Politikblockaden im Bundesstaat erklären. Sie thematisierten vielmehr steuerungstheoretische Fragen und wollten wissen, wie der Staat in einem bestimmten Bereich – bei sogenannten Gemeinschaftsaufgaben – effektiv regieren kann. Doch wurden die Schlussfolgerungen aus dieser Studie schnell verallgemeinert und zu einer generellen Theorie der Politikverflechtung entwickelt (Kropp 2010). Mit diesem Ansatz lassen sich Ursachen von Problemen identifizieren in Systemen, in denen Entscheidungskompetenzen verteilt sind. Eine solche Konstellation produziert – in verallgemeinerter Form – eine „Politikverflechtungsfalle" (Scharpf 1985). Sie bezeichnet eine „zwei oder mehr Ebenen verbindende Entscheidungsstruktur", die aus ihrer institutionellen Logik heraus „ineffiziente und problemunangemessene Entscheidungen erzeugt" und zugleich unfähig ist, „die institutionellen Bedingungen ihrer Entscheidungsfindung zu verändern" (Scharpf 1985, S. 350).

Das war und ist ein höchst einflussreicher Ansatz, mit dem sich alle möglichen Probleme erklären ließen. Reformstau, Politikblockaden und „mittlere Wege" (Schmidt 1990, 1987) haben sich in diesem Zusammenhang zu beliebten Schlagwörtern entwickelt und einen Bundespräsidenten (Roman Herzog 1997) dazu veranlasst, einen „Ruck" zu fordern, der durch das Land gehen müsse, und einen anderen (Horst Köhler 2005, S. 1) zu dem apodiktischen Urteil genötigt: „Die bestehende föderale Ordnung ist überholt." Mit der 2006 verabschiedeten

Föderalismusreform sollte dieses Problem gelöst werden. Die Reform sollte die Verantwortlichkeiten zwischen Bund und Ländern entflechten, die Transparenz politischer Entscheidungsprozesse erhöhen und die staatliche Handlungsfähigkeit verbessern. Oder in den Worten von Matthias Platzeck, einer der vielen ehemaligen Vorsitzenden der SPD: Es sollte „schneller, effizienter und besser" regiert werden (zit. nach Burkhart und Manow 2006, S. 2; vgl. auch Reutter 2006b; Scharpf 2009; Kropp 2010, S. 209–237; Münch 2019; Behnke & Kropp 2016).

(3) *Länder im Föderalismus:* Es fällt auf, dass in den bisher vorgestellten Ansätzen die Länder vor allem in ihrer bundespolitischen Rolle vorkommen. Das ist plausibel. Denn im „unitarischen Bundesstaat" spielen die Länder vor allem in ihrer staatsrechtlichen Qualität eine Rolle. Und in dieser Hinsicht sind sie alle gleich, sieht man einmal davon ab, dass Länder über unterschiedlich viele Stimmen im Bundesrat verfügen. Die Unterschiede zwischen Bundesländern wurden erst nach der deutschen Vereinigung stärker in den Vordergrund gerückt und schlugen sich dann in entsprechenden theoretischen Debatten nieder (Hildebrandt und Wolf 2006a, 2016a). Eine einheitliche Theorie zur Erklärung der Politik in Bundesländern hat sich allerdings bisher nicht etablieren können. Es dominieren drei Herangehensweisen: Erstens werden die politischen Systeme in den Bundesländern mit Ansätzen analysiert, die in der vergleichenden Systemforschung entwickelt wurden und sich um die Frage drehen, ob und inwieweit die Regierungssysteme in den Bundesländern demjenigen im Bund entsprechen (Leunig 2012; Freitag und Vatter 2008). Zweitens, mit der sogenannten „Parteiendifferenzhypothese" wird die Rolle von Parteien thematisiert. Hier geht es darum herauszuarbeiten, ob und inwieweit sich Politikergebnisse auf die Zusammensetzung von Landesregierungen und Landesparlamenten zurückführen lassen (Schmidt 1980). Schließlich werden unterschiedliche Politikfelder auf Basis von Policy-Analysen untersucht. Hier geht es darum herauszuarbeiten, wie politische Ergebnisse zustande kommen (Hildebrandt und Wolf

2006b, 2016b). Hinzu kommen Untersuchungen zu einzelnen Institutionen wie Parlamenten (Reutter 2008, 2017a), direktdemokratischen Verfahren (Jung 2012; Kost 2005), Landesparteien (Jun et al. 2008; Kost et al. 2010), Landesverfassungsgerichten (Reutter 2017b, 2020a, b) sowie finanzwissenschaftliche Studien (Renzsch 2000; Anderson und Scheller 2012; Hildebrandt 2016), die sich insbesondere mit dem System des Finanzausgleichs beschäftigen.

Repräsentative und direkte Demokratie in den Ländern: Ergänzung oder Widerspruch?

4

Zusammenfassung

Das Kapitel stellt die Wahlsysteme und direktdemokratische Verfahren in den Ländern vor. Die Leitfragen dieses Kapitels sind: Wie funktionieren Wahlen bzw. Abstimmungen in den Ländern? Welche Funktionen erfüllen sie? Und wie verhalten sich die beiden zentralen Formen demokratischer Mitwirkung zueinander?

4.1 Wahlen und Demokratie in den Ländern

Wenn der Begriff Demokratie definiert werden soll, wird gerne Abraham Lincoln zitiert, der 16. Präsident der USA. Lincoln trat 1861 sein Amt an, wurde 1864 wiedergewählt und fiel 1865 einem Attentat zum Opfer. Er amtierte während des amerikanischen Bürgerkrieges (1861–1865). Seine bis heute nicht zu überschätzende Leistung bestand darin, die Sklaverei mit Aufnahme des 13. Zusatzartikels 1865 verfassungsrechtlich verboten, die Sezession der Südstaaten (der Konföderierten Staaten von Amerika) verhindert und damit die Einheit der Vereinigten Staaten von Amerika erhalten zu haben. Abraham Lincoln hat in diesem Kontext und nach der Schlacht von Gettysburg 1863 eine ebenso kurze wie berühmte

Rede gehalten. Am Schluss seiner gerade einmal 272 Worte umfassenden *Gettysburg Address* beschwor Lincoln die Einheit der amerikanischen Nation. Die Nation solle „unter Gott, eine Wiedergeburt der Freiheit erleben". Die „Regierung des Volkes, durch das Volk, für das Volk" würde nicht von der Erde verschwinden, so Lincoln. Und dieses „government of the people, by the people, for the people", wie es im Original heißt, sollte sich zu einem ebenso großen wie zeitlosen demokratischen Postulat entwickeln. Was es bedeuten soll, erläuterte Lincoln nicht. Es erlaubt folglich unterschiedliche Interpretationen. Doch hat das „Volk", wer immer auch dazugehören mag, in dieser Formulierung einen nahezu religiösen Status. Dies schließt jedenfalls ein, dass alle „mit der Wahrnehmung staatlicher Angelegenheiten betrauten Amtswalter" eine demokratische Legitimation erfahren müssen (Böckenförde 1992, S. 302).

Diese Anforderung hat in den Landesverfassungen ihren Niederschlag gefunden. In ihnen geht die Staatsgewalt ebenfalls von der Figur des „Volkes" aus. Allerdings wird die Staatsgewalt in „Wahlen und Abstimmungen und durch besondere Organe der Gesetzgebung, der vollziehenden Gewalt und der Rechtsprechung" ausgeübt (Art. 25 Abs. 1 BWVerf). Damit ist nicht nur das Prinzip der Gewaltenteilung vorgegeben (Kap. 6). Vielmehr heißt dies auch, dass in den Ländern der Souverän periodisch die Abgeordneten zum Landesparlament wählen können muss. Darüber hinaus kann er als Gesetzgeber fungieren. Anders als im Bund sind in den Ländern folglich beide Formen politischer Mitwirkung möglich und vorgesehen. Verkompliziert wird die Mitwirkung des Souveräns an der Staatswillensbildung in den Ländern dadurch, dass dies in einem Bundesstaat stattfindet. Die Landesvölker sind also nicht souverän im strikten Sinne dieses Wortes. Dies ist bei der weiteren Darstellung zu berücksichtigen. Zu erwähnen ist vorab zudem, dass es auch noch andere Formen der politischen Mitwirkung gibt (Demonstrationen etc.), auf die nicht eingegangen wird.

Das schon mehrfach zitierte Homogenitätsgebot des Art. 28 Abs. 1 GG schreibt vor, dass in den Ländern „das Volk eine Vertretung haben [muss], die aus allgemeinen, unmittelbaren, freien, gleichen und geheimen Wahlen hervorgegangen ist."

Diese Bestimmung ist Ausfluss des mit Ewigkeitsgarantie ausgestatteten Demokratieprinzips, das sich in allen Landesverfassungen findet. Demokratie wird hier als repräsentative Demokratie verstanden, in der Vertreter gewählt werden, die Entscheidungen treffen, die für alle verbindlich sind (Fraenkel 1991, S. 152–203; Schüttemeyer 1995). Damit ein solch weitreichendes Mandat gerechtfertigt werden kann, müssen Wahlen zu Landesparlamenten fair und frei sein. Das gilt für alle Wahlen von Repräsentanten zu demokratischen Vertretungskörperschaften. Denn in den Ländern werden nicht nur Abgeordnete für Landesparlamente gewählt, sondern auch für das Europaparlament, den Bundestag oder für kommunale Gremien. Und für die jeweiligen Wahlen gelten unterschiedliche Regeln. Beispielhaft sei Brandenburg angeführt (Tab. 4.1). So kann in diesem Bundesland bei Landtags- und Kommunalwahlen mit 16 Jahren gewählt werden (bei Bundestags- und Europawahlen mit 18 Jahren); bei EU- und Kommunalwahlen können Angehörige aus EU-Mitgliedsländern teilnehmen (sonst nur deutsche Staatsbürger*innen), bei Landtags- und Bundestagswahlen gibt es eine Fünfprozenthürde (die bei Europa- und Kommunalwahlen nicht besteht), bei Europawahlen können die Wähler*innen eine Stimme abgeben (bei Landtags- und Bundestagswahlen zwei Stimmen und bei Kommunalwahlen sogar drei). Die Wähler*innen in Brandenburg konnten dabei zwischen dem 3. Oktober 1990, dem Tag, an dem Brandenburg Teil der Bundesrepublik Deutschland wurde, und Ende 2019 an insgesamt 28 Wahlen teilnehmen. Die weitere Darstellung beschränkt sich auf die Wahlen zu Landesparlamenten.

In Demokratien sind Wahlen das wichtigste Verfahren zur Legitimation. Sie sollen den Verfassungsorganen und den Mandats- bzw. Amtsträgern die Rechtfertigung verschaffen, im Namen und im Auftrag des „Volkes" Staatsgewalt auszuüben. Wie wir aber aus der Geschichte wissen und fast täglich in den Nachrichten hören, ist dieser Zusammenhang von freien und fairen Wahlen und stabiler demokratischer Ordnung keineswegs zwingend. Er hängt von einer ganzen Reihe von Voraussetzungen ab. So sollten ausreichend viele Wähler*innen an Wahlen teilnehmen; gleichzeitig sollten die Wahlergebnisse erlauben, eine

Tab. 4.1 Wahlrecht und Wahlsysteme in Brandenburg (Stand Dezember 2019). (Quelle: Reutter 2016b, S. 60; eigene Ergänzung; http://www.wahlrecht.de. Zugegriffen: 5. Dezember 2019. http://www.wahlen.brandenburg.de/. Zugegriffen: 5. Dezember 2019)

	Europawahlen	Bundestagswahlen	Landtagswahlen	Kommunalwahlen
Regelungsebene	Bund	Bund	Land	Land
Wahlalter (aktiv/passiv)	18/18	18/18	16/18	16/18
Staatsangehörigkeit	EU	Deutsch	Deutsch	EU
Wahlsystem	Verhältniswahl	Personalisierte Verhältniswahl	Personalisierte Verhältniswahl	Verhältniswahl
Stimmenzahl	1	2	2	3
5-Prozenthürde	Nein	Ja[a]	Ja	Nein
Grundmandatsklausel	Nein	3 Direktmandate[a]	1 Direktmandat	Nein
Ausgleichsmandate	Nein	Ja	Ja	Nein
Sitzzuteilungsverfahren	Sainte-Laguë	Sainte-Laguë	Hare/Niemeyer	Hare/Niemeyer
Anzahl Wahlen seit 10/1990	6	8	8	6

[a]bezogen auf gesamtes Bundesgebiet

Regierung bilden zu können. Denn Demokratie bedeutet nicht nur, dass der Souverän partizipieren kann, sondern auch, dass effektiv regiert werden kann. Wahlen wären sinnlos, wenn sie sich im Beteiligungsakt erschöpfen würden. In den Bundesländern wurde beiden Anforderungen Rechnung getragen.

Mit den Wahlrechtsgrundsätzen wird garantiert, dass faire und freie und damit demokratische Wahlen stattfinden können. Für alle Wahlen in den Ländern gelten auch die im Grundgesetz (Art. 38) genannten Wahlrechtsgrundsätze. Sie sollen also allgemein, frei, gleich, direkt und geheim sein. Damit soll gewährleistet werden, dass ein möglichst großer Teil der Bevölkerung an Wahlen teilnimmt, dass ein offener Wettbewerb um Wähler*innenstimmen möglich ist, dass jede Stimme gleich viel zählt und dass die Stimmabgabe in anonymisierter Form und verdeckt erfolgen kann (Marschall 2005, S. 42–46; Nohlen 2000, S. 37–39; Reutter 2008, S. 73–75). Diese Wahlrechtsgrundsätze, die in den Landesverfassugen wiederholt werden, können sich ändern. So konnte in den 1950er und 1960er Jahren in den Ländern erst ab 21 Jahren gewählt werden, dann mit 18 Jahren und inzwischen ist das Alter für das aktive Wahlrecht in einigen Ländern auf 16 Jahre gesenkt worden. Mit der Herabsetzung des Wahlalters sollten Wahlen „allgemeiner" werden.

Mit Wahlrechtsgrundsätzen wird festgelegt, wer wie wählen kann und wer wie gewählt werden darf (Nohlen 2000, S. 37–39; Korte 2003, S. 10.12; Marschall 2005, S. 42–46). Es werden also die Bedingungen formuliert für das aktive und passive Wahlrecht. Anders gelagert ist die Frage, wie aus den abgegebenen Stimmen eine parlamentarische Versammlung wird. Denn das Abstimmungsergebnis lässt sich unterschiedlich in parlamentarische Mandate umrechnen. In einem Mehrheitswahlsystem, wie es in Großbritannien existiert, gewinnt die Kandidatin das Mandat, die in ihrem Wahlkreis die meisten Stimmen erhalten hat. Das nennt sich „first-past-the-post"-Wahlsystem. Derselbe Mechanismus gilt in den Ländern für die Abgeordneten, die in Wahlkreisen direkt gewählt werden. Dies sind in den Ländern aktuell 895 von insgesamt mindestens 1740 Abgeordneten (ohne Überhang- und Ausgleichsmandate). Das heißt, mehr als die Hälfte aller zu wählenden Abgeordneten wird nach diesem Prinzip gewählt (Tab. 4.2).

Dennoch: In den deutschen Ländern gilt nicht das Mehrheits-, sondern das Verhältniswahlsystem. Das Verhältniswahlsystem ist in den meisten Ländern lediglich „personalisiert", weil in Wahlkreisen Kandidaten direkt gewählt werden. Doch ändert die

Tab. 4.2 Wahlsysteme in den Ländern (Stand: 2019). (Quelle: http://www.wahlrecht.de/landtage/index.html. Zugegriffen: 23. April 2019)

Land	WP (Jahre)	Mandate (Direkt)	Ausgleichsmandate[a]	Stimmen[a]	Fünfprozenthürde	Grundmandatsklausel[a]
BW	5	120 (70)	Ja	1	Ja	Nein
BY	5	180 (91)	Ja	2	Ja	Nein
BE	5	130 (78)	Ja	2	Ja	Ein Mandat
BB	5	88 (44)	Ja	2	Ja[b]	Ein Mandat
HB	4	84 (0)	Nein	5	Ja[c]	Nein
HH	5	121 (71)	Ja	10	Ja	Nein
HE	5	110 (55)	Ja	2	Ja	Nein
MV	5	71 (36)	Ja	2	Ja	Nein
NI	5	135 (87)	Ja	2	Ja	Nein
NW	5	181 (128)	Ja	2	Ja	Nein
RP	5	101 (51)	Ja	2	Ja	Nein
SL	5	51 (0)	Nein	1	Ja	Nein
SN	5	120 (60)	Ja	2	Ja	Zwei Mandate
ST	4	91 (45)	Ja	2	Ja	Nein
SH	5	69 (35)	Ja	2	Ja[d]	Ein Mandat
TH	5	88 (44)	Ja	2	Ja	Nein

[a]vgl. Erläuterungen im Text
[b]in Brandenburg gilt die Fünfprozenthürde nicht für die sorbische Minderheit
[c]in Bremen gilt die Fünfprozenthürde in den beiden Wahlgebieten Bremen und Bremerhaven getrennt
[d]in Schleswig-Holstein ist die dänische Minderheit von der Fünfprozenthürde ausgenommen (SSW)

Personalisierung nichts daran, dass sich die Stärke der Parteien in der Zusammensetzung der Parlamente niederschlagen soll. Ein Verhältniswahlsystem soll also eine möglichst proportionale Vertretung der politischen Parteien im Parlament sicherstellen (Nohlen 2000, S. 121–161). Diesem Prinzip des „Proporzes"

(Nohlen 2000, S. 136 f.) folgen alle Landeswahlsysteme. Die Länder haben dieses Prinzip allerdings unterschiedlich ausgestaltet (Tab. 4.2):

- In Bremen und im Saarland gibt es keine Wahlkreiskandidaten. Hier werden nur Parteien gewählt, die mit Listen antreten, auf denen ihre Kandidaten aufgeführt sind. In diesen Ländern gilt also nicht die personalisierte, sondern die reine Verhältniswahl.
- In einem Verhältniswahlsystem stellt die Fünfprozenthürde ein Fremdkörper dar. Diese Hürde, die in allen Bundesländern gilt, besagt, dass eine Partei nur dann im Parlament vertreten ist, wenn sie mindestens fünf Prozent der Zweitstimmen erhalten hat. Erhält sie weniger als fünf Prozent, ist sie nicht im Parlament vertreten. Diese Stimmen sind dann verloren. Sie zählen nicht für die Berechnung der Sitzverteilung im Parlament – es sei denn, eine Partei vertritt eine Minderheit (in BB und SH) bzw. ein oder zwei ihrer Kandidat*innen hat einen Sitz in einem Wahlkreis erworben. Das ist die sogenannte Grundmandatsklausel. Dann zieht die Partei in der Stärke in das Parlament ein, mit der sie bei der Wahl abgeschnitten hat. Ein Beispiel: Die Partei BVB/Freie Wähler hatte bei der Landtagswahl 2014 in Brandenburg 2,7 % der Zweitstimmen erhalten, wäre also auf Grundlage dieses Ergebnisses wegen der Fünfprozenthürde nicht im Landtag vertreten gewesen. Weil aber ihr Spitzenkandidat Christoph Schulze das Direktmandat im Wahlkreis Teltow-Fläming gewonnen hatte, wurden der Partei wegen der Grundmandatsklausel drei Sitze im Parlament zugewiesen (das direkt gewonnene Mandat plus zwei Listenmandate; Niedermayer 2015, S. 29 f.).
- Außer in Bremen und im Saarland können in den Ländern Überhang- und Ausgleichsmandate auftreten. Überhangmandate entstehen, wenn eine Partei bei einer Wahl zu einem Landesparlament mehr Wahlkreise gewinnen konnte als ihr Sitze nach dem Zweitstimmenergebnis zustehen würden. Solche Überhangmandate werden in den 14 Bundesländern, in denen sie auftreten können, so lange ausgeglichen, bis das Stärkeverhältnis im Parlament den Stimmenanteilen entspricht.

- In Baden-Württemberg und im Saarland haben die Wähler*innen nur eine Stimme, wobei sie in Baden-Württemberg mit ihrer Stimme sowohl eine Wahlkreiskandidatin als auch eine Partei wählen. Im Saarland können sie ohnehin nur eine Partei wählen. In Bremen und Hamburg haben die Wähler*innen fünf bzw. zehn Stimmen, die sie beliebig auf Kandidat*innen in Wahlkreisen (Hamburg) oder auf Parteilisten (Bremen und Hamburg) verteilen können.

Diese Unterschiede ändern nichts daran, dass in allen Ländern das Verhältniswahlsystem gilt, das grundsätzlich die Herausbildung eines Mehrparteiensystems begünstigt. Wir werden im nächsten Kapitel sehen, ob und inwieweit sich für dieses von Maurice Duverger (1959, S. 219; Nohlen 2000, S. 395–397) in den 1950er Jahren formulierte „Gesetz" in den Ländern Belege finden lassen. An dieser Stelle interessiert vielmehr, ob und inwieweit Wahlen und Wahlsysteme in den Ländern ihre Funktionen erfüllen konnten. Unterscheiden lassen sich dafür drei Grundfunktionen: a) Legitimation der politischen Ordnung, b) Repräsentativität der Wahlergebnisse und c) inwiefern Wahlen zu stabilen Regierungen führen, das Wahlsystem also Konzentrationseffekte aufweist (Korte 2003, S. 10; Reutter 2008, S. 89–97; Nohlen 2000, S. 157–159).

a) Legitimation (Wahlbeteiligung): Gemeint ist damit, dass die „Gesamtheit der Bürger" repräsentiert wird (Korte 2003, S. 10). An Wahlabenden wird nicht nur über die Erfolge oder Misserfolge von Parteien berichtet, sondern es wird auch darauf verwiesen, wie hoch die Wahlbeteiligung war. Und dann scheint das olympische Motto zu gelten: je höher, desto besser. Ist die Wahlbeteiligung niedriger als bei der letzten Wahl, wird dies als Beleg genommen für Politik- oder gar Demokratieverdrossenheit. Ist sie höher, gilt, dass die Wähler*innen zufrieden waren mit der Politik und mit der politischen Ordnung. Allerdings ist die „Wahlbeteiligung" als Indikator „weniger aussagekräftig als man zunächst meinen könnte" (Nohlen 2000, S. 159). Denn eine hohe Wahlbeteiligung kann auch Ausdruck sein von Unzufriedenheit oder sogar Ausfluss einer grundsätzlich demokratiekritischen

Haltung. So stieg 2018/2019 bei allen Wahlen zu Landesparlamenten zwar die Wahlbeteiligung, aber dies war vor allem auf die AfD zurückzuführen, die viele Nichtwähler*innen mobilisieren konnte. Ein Erfolg von rechtspopulistischen oder in Teilen sogar rechtsextremistischen Parteien lässt sich jedoch schwerlich als demokratiestabilisierender Effekt interpretieren. Gleichzeitig kann Wahlabstinenz eine Reaktion darauf sein, dass Wähler*innen zufrieden sind. Was es im Übrigen nicht gibt, ist die Partei der Nichtwähler*innen. Nichtwähler*innen sind ebenso heterogen wie Wähler*innen. Was sie wollen, wissen wir nicht.

Doch unbeschadet dieser Überlegungen, lassen sich – bezogen auf die Wahlbeteiligung in den Ländern – immerhin drei Feststellungen treffen: Sie war bei Landtagswahlen im Durchschnitt niedriger als bei Bundestagswahlen; für die Periode 1946 bis 2007 betrug die Differenz knapp 10 Prozentpunkte. Sie verlief zyklisch, hatte ihren Höhepunkt mit durchschnittlich knapp 80 % in den 1960er und 1970er Jahren, ist danach auf rund 66 % gefallen, und beträgt im Durchschnitt der letzten Wahlen zu Landesparlamenten rund 65 % (Stand 2019). Sie ist in den neuen Bundesländern meist geringer als in den alten (Reutter 2008, S. 91). Aber, wie gesagt, so klar und eindeutig die empirischen Befunde sein mögen, so unklar ist es, wie diese Befunde einzuordnen und zu bewerten sind. Jedenfalls gilt: An einer zu geringen Wahlbeteiligung ist noch keine Demokratie zugrunde gegangen.

Damit korrespondiert eine andere Entwicklung: Denn die Legitimität von Wahlen hängt nicht nur von der Wahlbeteiligung, sondern auch davon ab, wie viele Einwohner*innen wahlberechtigt sind.[1] Bei der Landtagswahl in Nordrhein-Westfalen 2017 waren dies gerade einmal 47,9 %. Davon erhielten die Regierungsparteien CDU und FDP 45,6 %. Anders gesagt: Die seit 2017 in NRW regierende Koalition repräsentiert rund 46 % der Wähler*innen, 30 % der Wahlberechtigten und 22 % der Einwohner*innen!

---

[1]Einwohner sind alle Personen, die in einem Land, einer Gemeinde oder einer anderen Gebietskörperschaft melderechtlich registriert sind. Die für die Wahlberechtigung wichtige Staatsangehörigkeit spielt dabei ebensowenig eine Rolle wie das Alter.

b) Repräsentativität: Wahlen stellen die einfachste Möglichkeit dar, sich aktiv an der Politik zu beteiligen. Ignoriert man einmal die Frage, worauf die Bürger*innen ihre Wahlentscheidung gründen, hält sich der Aufwand für diesen demokratischen Akt in Grenzen. Man gibt entweder am Wahltag seine Stimme ab oder macht dies per Briefwahl. Wahlen verlieren allerdings an demokratischer Qualität, wenn bestimmte Gruppen systematisch unter- oder überrepräsentiert sind. Alle müssen über dieselbe Chance verfügen und denselben Einfluss auf die Politik ausüben können. „One man (person), one vote!" Dieser historische Schlachtruf illustriert einprägsam den Anspruch nach politischer Gleichheit. In allen Bundesländern ist dieses Gleichheitspostulat verfassungsrechtlich garantiert. Jede Stimme zählt grundsätzlich gleich viel, es gibt kein Dreiklassenwahlrecht oder Ähnliches. Alle Stimmen sollen denselben „Zählwert" haben, wie das Bundesverfassungsgericht in ständiger Rechtsprechung betont.

Gleiches Wahlrecht bedeutet aber noch nicht denselben Einfluss in Wahlen. Denn die Beteiligung zwischen sozialen Gruppen variiert systematisch und dauerhaft. „Demokratie wird zur Sache der Bessergestellten", wie Wolfgang Merkel (2019) in einem Interview zugespitzt formulierte. Die Bertelsmann-Stiftung kommt in mehreren Studien zu immer demselben Befund und zu einer ähnlichen Schlussfolgerung wie Merkel: Obgleich die Beteiligung bei den Wahlen in Bremen und Hamburg (2015) und in NRW (2017) jeweils im Vergleich zur letzten Wahl gestiegen ist, hat sich die soziale Spaltung eher noch verschärft. So ist die Wahlbeteiligung in den wirtschaftlich stärkeren Milieus deutlich höher als in wirtschaftlich schwächeren Wahlbezirken. Die Autoren dieser Studien sprechen daher von „prekären Wahlen" und von „gespaltener Demokratie" und konstatieren, dass unter den genannten Voraussetzungen die Volksvertretungen nicht mehr den Anspruch erheben könnten, sozial repräsentativ zu sein (Bertelsmann-Stiftung 2015a, b, 2017).

c) Konzentration (Regierungsfähigkeit): Wahlen sollen zu Regierungen führen. Denn politische Selbstbestimmung – und nichts anderes ist Demokratie – erschöpft sich nicht in der Beteiligung, sondern schließt ein, dass eine Gesellschaft zielorientiert gestaltet werden kann. Dafür muss eine Regierung gewählt und dauerhaft unterstützt werden. Ein Wahlsystem kann helfen, diese Aufgabe zu lösen. So gilt das Mehrheitswahlsystem gerade in dieser Hinsicht als besonders leistungsfähig, weil es Zweiparteiensysteme begünstigt und damit Regierungsbildung erleichtert. Die Tories (mit Boris Johnson als Spitzenkandidat) erhielten beispielsweise bei den Wahlen 2019 zum britischen Unterhaus gerade einmal 43,6 % der abgegebenen Stimmen, aber aufgrund des Wahlsystems 55,7 % der Mandate im House of Commons. Bis in die jüngste Vergangenheit hinein war aber auch in den deutschen Ländern eine Regierungsbildung durchaus möglich (siehe auch Abschn. 6.1). Zwischen 1946 und 2007 erreichte in 87 von 199 Landtagswahlen eine Partei allein eine parlamentarische Mehrheit, konnte also ohne Koalitionspartner regieren (Reutter 2008, S. 96). In 32 dieser Fälle war diese Mehrheit bedingt durch das Wahlsystem. Denn in diesen Fällen reichten weniger als 50 % der Zweitstimmen zu einer parlamentarischen Mehrheit. Auch in NRW haben bei der Landtagswahl 2017 CDU und FDP zusammen lediglich rund 46 % der Zweitstimmen erhalten. Da jedoch einige Parteien an der Fünfprozenthürde scheiterten und die für diese Parteien abgegebenen Stimmen zur Berechnung der parlamentarischen Mandate nicht herangezogen wurden, hatten CDU und FDP im Landtag eine Mehrheit von einer Stimme. Doch darf dieses Beispiel nicht darüber hinwegtäuschen, dass mit dem Einzug der AfD in inzwischen allen Landesparlamente Regierungsbildung sich deutlich erschwert hat und dies zu instabilen Koalitionen führen kann.

4.2 Abstimmungen: direkte Demokratie in den Ländern

In den Ländern schließt Regieren „of the people, by the people, for the people" nicht nur die Wahl von Repräsentanten ein, sondern auch, dass die Wähler*innen über Gesetzentwürfe selbst abstimmen können. Es existieren also repräsentative und unmittelbare Formen demokratischer Mitwirkung nebeneinander.

„Direkte Demokratie" ist ein schillernder Begriff und ein unscharfes Konzept (Jung 2012; Heußner und Jung 1999; Rehmet 2019). Was genau darunter fällt, wird unterschiedlich interpretiert (Abb. 4.1). Manche meinen, dass nur Initiativen, die „von unten" ausgehen, als direktdemokratische Verfahren gelten sollten. Andere sind etwas großzügiger und schließen auch „von oben", also von Parlamenten oder Regierungen, angestoßene Befragungen, Volksentscheide oder Referenden ein. Auch die Verbindlichkeit der Entscheidung spielt eine Rolle. So sind Volksbefragungen und Petitionen ohne Bindungswirkung für Regierung und Parlamente. Volksinitiativen „zwingen" Parlamente zwar dazu, sich mit dem Gegenstand der Initiative zu beschäftigen, bleiben darüber hinaus aber ohne rechtliche Folgen (es sei denn, die Initiative gilt gleichzeitig als erste Stufe bei der Volksgesetzgebung).

Als Krone der direkten Demokratie gilt die Volksgesetzgebung, weil der Souverän in eigener Sache entscheiden kann (Rehmet 2019, S. 6 f.). In den Bundesländern umfasst dies einen „Antrag auf Volksbegehren", der auch als Volksinitiative gestellt werden kann, das Volksbegehren selbst sowie den abschließenden Volksentscheid. Zwischen Begehren und Entscheidung hat das Parlament die Möglichkeit, sich mit dem Gesetzentwurf zu befassen, ihn ggfs. anzunehmen oder einen alternativen Entwurf zur Abstimmung vorzulegen. Es überrascht sicher nicht, dass die Länder diese Stufen unterschiedlich ausgestaltet haben. Die Anzahl der notwendigen Unterschriften auf den jeweiligen Stufen variiert ebenso wie die Art der Sammlung oder der Zeitraum, in dem die Unterschriften zu sammeln sind

		Initiatoren	
		Von oben (Regierung, Parlament)	Von unten (Wähler*innen)
Verbindlichkeit	Unverbindlich	Volksbefragung, Volkspetitionen	Volksinitiative
	Verbindlich	Plebiszit, Referendum	Volksgesetzgebung (Volksbegehren und Volksentscheid)

Abb. 4.1 Typen direktdemokratischer Verfahren nach Verbindlichkeit und Initiatoren. (Quelle: Eigene Darstellung)

(Tab. 4.3). Christina Eder und Raphael Magin (2008, S. 307) kommen dabei in ihrer Untersuchung über die direktdemokratischen Verfahren in den Ländern zu dem Schluss, dass „die unterschiedlichen Verfahrensanforderungen einen wesentlichen Faktor bei der Erklärung der Nutzungshäufigkeit unmittelbarer Beteiligungsinstrumente darstellen." Etwas schlichter ausgedrückt bedeutet dies: je niedriger die Hürden, umso mehr Volksbegehren und Volksentscheide hat es gegeben.

Wie erwähnt, ist inzwischen in allen Landesverfassungen die Möglichkeit zur direktdemokratischen Beteiligung und zur Volksgesetzgebung vorgesehen (vgl. zum Weiteren Reutter 2013, S. 90–99; Rehmet 2019; Jung 2012). Unbeschadet der Unterschiede im Detail, lassen sich folgende Schlussfolgerungen ziehen (Tab. 4.3):

- Erstens wurde die Möglichkeit zur Volksgesetzgebung sukzessive erweitert. Beim Inkrafttreten des Grundgesetzes schlossen vier Landesverfassungen direktdemokratische Verfahren ein, bis zur Vereinigung 1990 kamen drei weitere hinzu. Berlin hatte in seiner Verfassung von 1950 zwar direktdemokratische Verfahren vorgesehen, das notwendige Ausführungsgesetz aber nie verabschiedet. Allein den Wahlberechtigten in Hamburg und Niedersachsen blieb bis 1990 die Möglichkeit versagt, Volksbegehren einzuleiten und über Gesetzentwürfe eigenständig zu entscheiden. Zusammen mit den ostdeutschen Ländern und Berlin änderten aber auch diese beiden Länder in den 1990er Jahren ihre Verfassungen und ermöglichten „von unten" initiierte Verfahren. Zu diesen Erweiterungen hinzu kamen Verfahrenserleichterungen (weniger Unterschriften, mehr Zeit zur Sammlung).
- Zweitens, fast alle Landesverfassungen enthalten gegenständliche Tabus: Bekannt ist das Finanztabu, also das Verbot von Volksbegehren, die den Landeshaushalt, Steuern oder Abgaben betreffen. Unzulässig sind meist auch Verfahren zu Dienst- und Versorgungsbezügen sowie zum Landespersonal.
- Drittens, als Faustregel lässt sich festhalten: je verbindlicher die Entscheidung, desto höher die Hürde. So liegen die Quoren (also die Anzahl der notwendigen Unterschriften) für

Tab. 4.3 Volksbegehren und Volksentscheide in den Ländern: Einführung, Verfahrensregeln und Anzahl (Stand 2018). (Quelle: Eigene Darstellung; Rehmet 2019, S. 12 und S. 16 f.)

	Einführung	Volksbegehren			Volksentscheide		
		Quorum (%)[a]	Eintragungsfrist (Amt/Frei)[b]	Anzahl[e]	Einfaches Gesetz (in %)	Verfassungsänderung (in %)	Anzahl
BW	1974	10	6 Monate (A/F)	0 (9)	20	50	0
BY	1946	10	14 Tage (A)	20 (57)	Kein Quorum	25	6
BE	1995	7 (20)	4 Monate (A/F)	10 (35)	25	50+2/3-Mehrheit	9
BB	1992	Ca. 3,8	6 Monate (A)	14 (49)	25	50+2/3-Mehrheit	0
HB	1947	5 (10)	3 Monate (F)	4 (14)	20	40	0
HH	1996	5	21 Tage (A)	16 (50)	20	(−)+2/3-Mehrheit	7
HE	1946	5	2 Monate (A)	1 (7)	25	Nicht möglich	0
MV	1994	7,5[c]	5 Monate (F)	4 (29)	25	50+2/3-Mehrheit	1
NI	1993	10	6 Monate (F)	3 (10)	25	50	0
NW	1950	8	12 Monate (A/F)	3 (14)	15	50+2/3-Mehrheit	0
RP	1947	9,7[d]	2 Monate (A)	1 (6)	25	50	0

(Fortsetzung)

4.2 Abstimmungen: direkte Demokratie in den Ländern

Tab. 4.3 (Fortsetzung)

	Einführung	Volksbegehren			Volksentscheide		
		Quorum (%)[a]	Eintragungsfrist (Amt/Frei)[b]	Anzahl[e]	Einfaches Gesetz (in %)	Verfassungsänderung (in %)	Anzahl
SL	1979	7	3 Monate (A)	2 (8)	25	50+2/3 Mehrheit	0
SN	1992	13,2[c]	8 Monate (F)	4 (14)	Kein Quorum	50	1
ST	1992	9	6 Monate (F)	3 (3)	25[c]	50+2/3-Mehrheit	1
SH	1990	3,6[g]	6 Monate (A)	5 (36)	25	50+2/3-Mehrheit	2
TH[c]	1994	10	4 Monate (F)	5 (10)	25	40	0

[a]Unterschriftenquorum; in Klammern das Unterschriftenquorum für verfassungsändernde Gesetze; in BB, MV, RP, SN und SH wurde die erforderliche Anzahl der Unterschriften umgerechnet in Anteile der Wähler*innen, die Bezugsgrößen können variieren; in Berlin und in Brandenburg beziehen sich die Quoren auf volljährige Einwohner*innen, ansonsten auf die Stimm- bzw. Wahlberechtigten

[b]unterschieden wird, ob die Unterschriften per Amtseintragung erfolgen oder frei gesammelt werden können; z. T. sind beide Varianten möglich; in BB und HH ist auch eine Briefeintragung möglich

[c]das Zustimmungsquorum entfällt ab einer Stimmbeteiligung von 50 %

[d]in Thüringen gab es zusätzlich 8 Bürgeranträge

[e]in Klammern: Anzahl der Volksinitiativen

Volksinitiativen zwischen 0,1 und 2 %, bei Volksbegehren zwischen 3,8 und 13,2 % und bei Volksentscheiden müssen meist mindestens 15 oder 25 % der Wahlberechtigten dem Entwurf zustimmen (plus die Mehrheit der Abstimmenden). Lediglich in Bayern und Sachsen existiert kein Zustimmungsquorum, während in Rheinland-Pfalz mindestens 25 % der Wahlberechtigten an der Abstimmung teilnehmen müssen. Bei verfassungsändernden Gesetzen liegen die Zustimmungsquoren noch höher. Hier muss zudem ein ausgearbeiteter Gesetzentwurf vorgelegt werden, der ggfs. durch die Landesregierung oder das Verfassungsgericht auf seine Verfassungsmäßigkeit hin geprüft werden kann.

- Viertens, die direktdemokratischen Verfahren haben mit der Vereinigung an Attraktivität gewonnen. Nach Angaben des Vereins „Mehr Demokratie e. V.", der minutiös Buch führt über alle direktdemokratischen Verfahren und Initiativen, wurden von den zwischen 1946 bis Ende 2018 insgesamt von unten initiierten 420 Verfahren lediglich 28 vor 1990 eingeleitet; der Rest (392) wurde zwischen 1990 und 2018 begonnen (Rehmet 2019, S. 15).
- Fünftens, folgt man den Erhebungen von „Mehr Demokratie e. V.", fielen gerade einmal 13 von insgesamt 330 Verfahren im Sinne der Initiatoren aus (=3,9 %). Legt man einen erweiterten Erfolgsbegriff zugrunde, sind es immerhin 28,5 % (Rehmet 2019, S. 24). Gescheitert sind somit 236 Verfahren, weil nicht genügend Unterschriften gesammelt werden konnten, das Begehren zurückgezogen, für unzulässig erklärt oder die erforderliche Mehrheit verfehlt wurde.
- Sechstens, die Beteiligung bei Volksentscheiden ist deutlich geringer als bei Wahlen. Bei Volksentscheiden geht durchschnittlich nur wenig mehr als ein Drittel der Wahlberechtigten zur Urne. Ohne Abstimmungen, die gleichzeitig mit Landtagswahlen durchgeführt wurden, nahmen durchschnittlich 34,1 % der Wahlberechtigten bei Initiativen von unten und 34,9 % bei obligatorischen Referenden an Volksentscheiden teil (Rehmet 2019, S. 37). Hinzu kommt, dass die geringe Beteiligung in hohem Maße bestimmte Gruppen begünstigt und andere benachteiligt. Zudem werden alle ausgeschlossen, die über kein Wahlrecht verfügen.

Es kann kaum oft genug betont werden: In den Bundesländern können die Wähler*innen nicht nur ihre Repräsentant*innen für Parlamente wählen, sondern sie können auch Sachentscheidungen treffen und in einzelnen Fällen sogar das Parlament auflösen (was bisher nie bis zur Abstimmungsreife durchgeführt wurde). Das ist ein qualitativer Unterschied zwischen Bund und Ländern. Und dieser Unterschied ist nicht trivial. In der Politik Bayerns hat die Möglichkeit, Volksbegehren und Volksentscheide durchzuführen, die Macht der über viele Jahre alleine regierenden CSU beschränkt und moderiert (Glaab 2013). Volksgesetzgebung kann also ein zum parlamentarischen System alternatives Beteiligungs- und Entscheidungsverfahren zur Verfügung stellen. Gleichzeitig gilt aber auch: Bisher konnten die direktdemokratischen Verfahren den Charakter der Regierungssysteme in den Ländern nicht infrage stellen. Es waren und sind: parlamentarische Regierungssysteme. Die aktuellen Herausforderungen für die demokratischen Systeme in den Ländern bestehen also nicht in einem ohnehin eher ideengeschichtlich konstruierten Gegensatz von direkten und repräsentativen Verfahren. Problematisch scheint aktuell vielmehr, dass beide Beteiligungsverfahren sozial selektiv wirken und ihnen abgesprochen wird, „of", „by" und „for the people" zu wirken. Sie schließen bestimmte Einwohnergruppen aus (Ausländer, Kinder) und benachteiligen bildungsferne und sozial prekäre Schichten. Besonders plastisch zeigten sich diese Effekte beim Hamburger Volksentscheid zur Schulreform 2010. An diesem Volksentscheid beteiligten sich die Angehörigen der Gruppen, die von der Reform profitiert hätten, entweder wenig oder – wegen dem fehlenden Wahlrecht – überhaupt nicht. Aber auch andere Studien zeigen, dass politische Beteiligung bei direktdemokratischen Verfahren sozial selektiver ist als bei Wahlen zu Parlamenten (Bödeker 2012; Merkel 2011; Merkel und Petring 2011). Insgesamt lassen diese Befunde die Schlussfolgerung zu, dass die beiden Verfahren sich weder als Gegensatz noch als Ergänzung begreifen lassen. Sie schließen sich in der Verfassungspraxis keineswegs gegenseitig aus. Ihnen fehlt aber ebenso das Potenzial, Defizite des jeweils anderen Verfahrens auszugleichen.

Parteien und Parteiensysteme in den Ländern

5

> **Zusammenfassung**
>
> Die Demokratie in Deutschland ist Parteiendemokratie. Dieser demokratietheoretische Basissatz gilt auch für die deutschen Länder. Das Kapitel gibt daher einen systematischen Überblick über Aufgaben und Entwicklung der Parteien und Parteiensysteme in den 16 Bundesländern. Außerdem wird untersucht, wie sich Landesparteien und Landesparteiensysteme zur Bundesebene verhalten.

5.1 Zur Stellung von Parteien in den Ländern

Nach Ludger Helms (2007b, S. 49) sind Parteien „zuvörderst" wahlwerbende „Gruppierungen, die auf Grundlage gemeinsamer politischer Überzeugungen danach streben, einen größtmöglichen Anteil an Stimmen und Mandaten zu erwerben, üblicherweise um auf dieser Grundlage an der Besetzung von Regierungsämtern teilzuhaben". Es sind also Zusammenschlüsse von Personen, die ähnliche politische Anschauungen, Anliegen und Interessen haben und sich um politische Ämter bewerben. Sie sind zwischen Staat und Gesellschaft angesiedelt, sollen zwischen diesen beiden Bereichen vermitteln und sind somit auch „Spiegelbild der in der Gesellschaft gelagerten politischen Interessen und Meinungen"

(Schniewind 2008a, S. 63). Wie im Bund ist in den Ländern die Entwicklung der Parteien und der Parteiensysteme Ergebnis der Wahlen und der Wahlsysteme (Helms 2007b, S. 49).

Obschon Parteien in den Ländern zentrale Aufgaben wahrnehmen, haben sie keinen guten Ruf. In Sachsen gaben in einer Umfrage 2018 gerade einmal 12 % der 1011 befragten Personen an, Parteien zu vertrauen (Sachsen-Monitor 2018, S. 24). Andere Umfragen kommen zu ähnlichen Ergebnissen (Reiser et al. 2019, S. 41 f.). In liberaldemokratischen Systemen, wie sie in den Ländern existieren, können solche Befunde nur als Alarmzeichen verstanden werden. Denn parlamentarische Demokratien sind Parteiendemokratien, in denen Parteien eine wichtige, vielleicht sogar die wichtigste Rolle zukommt. Ludger Helms (2007b, S. 48–82) bezeichnet Parteien in der Bundesrepublik Deutschland denn auch zu Recht als das „Rückgrat der repräsentativen Demokratie". Deswegen haben Parteien im Grundgesetz eine Anerkennung erfahren, die ihnen in der Weimarer Reichsverfassung verwehrt geblieben war. Sie werden wie „Verfassungsorgane" behandelt (was sie formal nicht sind). Nach Art. 21 Abs. 1 und 2 GG können Parteien frei gegründet und dauerhaft unterhalten werden. Allein das Bundesverfassungsgericht kann eine Partei verbieten, wenn diese die „freiheitliche demokratische Grundordnung" beeinträchtigen oder beseitigen will oder den „Bestand der Bundesrepublik Deutschland" gefährdet. Das Bundesverfassungsgericht befindet seit 2017 auch darüber, ob eine Partei von der staatlichen Parteienfinanzierung ausgeschlossen werden kann.

Den Ländern stehen in diesem Bereich keine Kompetenzen zu. Sie können Parteien weder verbieten noch erlauben. Landeswahlausschüsse können allein darüber entscheiden, ob eine Partei die Voraussetzungen erfüllt, um an Landtagswahlen teilzunehmen. So verweigerte z. B. der Landeswahlausschuss in Sachsen am 5. Juli 2019 der AfD die Zulassung von zwei aufgestellten Wahllisten für die Landtagswahl am 1. September 2019. Der Sächsische Verfassungsgerichtshof hat mit seinen Entscheidungen vom 25. Juli 2019 und 16. August 2019 die Wahllisten teilweise wieder zugelassen. Die Länder können sich zudem über den Bundesrat an Parteiverbotsverfahren beteiligen oder beim Bundesverfassungsgericht das Verbot einer Partei beantragen, wenn diese Partei sich auf das jeweilige Land beschränkt. Ein solcher Antrag wurde bislang nicht gestellt.

Nach dem Grundgesetz besitzen die Parteien nur eine Aufgabe: Sie „wirken bei der politischen Willensbildung des Volkes mit" (Art. 21 Abs. 1 GG). Daraus darf nicht abgeleitet werden, dass die Parteien ein Monopol in dieser Hinsicht hätten. Selbstredend dürfen auch andere Personen oder Akteure (wie Verbände, NGOs) sich an der politischen Willensbildung beteiligen. Ebenso wenig ist dies die einzige Aufgabe, die Parteien zu erfüllen hätten. Das 1967 in Kraft getretene „Gesetz über die politischen Parteien" ist in dieser Hinsicht schon ausführlicher. In § 1 Abs. 2 PartG heißt es:

„Die Parteien wirken an der Bildung des politischen Willens des Volkes auf allen Gebieten des öffentlichen Lebens mit, indem sie insbesondere auf die Gestaltung der öffentlichen Meinung Einfluss nehmen, die politische Bildung anregen und vertiefen, die aktive Teilnahme der Bürger am politischen Leben fördern, zur Übernahme öffentlicher Verantwortung befähigte Bürger heranbilden, sich durch Aufstellung von Bewerbern an den Wahlen in Bund, Ländern und Gemeinden beteiligen, auf die politische Entwicklung in Parlament und Regierung Einfluss nehmen, die von ihnen erarbeiteten politischen Ziele in den Prozeß der staatlichen Willensbildung einführen und für eine ständige lebendige Verbindung zwischen dem Volk und den Staatsorganen sorgen."

Die einschlägige Forschung hat versucht, aus dieser doch recht unübersichtlichen Gemengelage die Aufgaben, die Parteien erfüllen sollen, zu ordnen und zu bewerten. In den entsprechenden Debatten haben Landesparteien dabei lange Zeit „nur am Rande eine Rolle gespielt" (Eilfort 2006, S. 207), wurden „vernachlässigt" (Decker 2010, S. 91) oder „wenig beachtet" (Schneider 1997, S. 407). Das hat sich geändert. Inzwischen liegt eine ganze Reihe von Studien vor, die sich mit Landesparteien und Landesparteiensystemen beschäftigen (Jun et al. 2008; Kost et al. 2010; Schniewind 2012), ganz zu schweigen von einführenden Darstellungen zur Politik in Ländern (Lorenz et al. 2016; Jesse et al. 2014; Glaab und Weigl 2013;

Träger und Priebus 2017). Die weitere Darstellung schließt an diese Untersuchungen an und fragt danach, welche Bedeutung Parteien und Parteiensysteme für Stabilität und Funktionsweise der Demokratien in den Ländern zukommt. Unterstellt ist dabei, dass Parteien in den Ländern nicht „bloße Ableger oder gar ‚Befehlsempfänger'" ihrer Bundesorganisationen sind (Leunig 2012, S. 80). Die in der Parteienforschung lange Zeit dominierende Vorstellung, Parteien seien zentralisierte und hierarchisch strukturierte Organisationen, wird nicht geteilt. Im Gegenteil, Parteien und Parteiensysteme erfüllen in den Ländern eigenständig Funktionen und verfügen über eine unabhängige Legitimationsgrundlage. Vor diesem Hintergrund werden zuerst die Aufgaben von Landesparteien beschrieben (Abschn. 5.2); darauf aufbauend werden die Parteiensysteme analysiert (Abschn. 5.3) (Decker 2010; Haas et al. 2008, S. 10–16; Eilfort 2006; Schneider 1997; Schniewind 2012).

5.2 Aufgaben von Landesparteien

Parteien haben in Bund und Ländern dieselben Aufgaben zu erfüllen. Darin immerhin stimmt die Forschung überein (Eilfort 2006, Schneider 1997; Decker 2010) Welche Aufgaben dies sind und wie sie bezeichnet werden, ist allerdings umstritten (Jun 2013; Niedermayer 2013a). Ich folge im Weiteren Michael Eilfort (2006), für den sich Bundes- und Landesparteien „auf den ersten Blick" zwar nicht unterscheiden. Doch auf den zweiten Blick erkennt Eilfort eine ganze Reihe von Differenzen, die er auf variierende politische Rahmenbedingungen, Kulturen u. a. m. zurückführt. Eilfort unterscheidet vier Aufgabenbereiche. Es versteht sich, dass die Parteien in den Ländern ihre Aufgaben in variierender Weise erfüllen. Dies hängt unter anderem ab von Wahlergebnissen, der Mitgliederstärke, der Rolle (Regierungs- oder Oppositionspartei), dem Selbstverständnis und der jeweiligen Tradition (Jesse et al. 2014, S. 161–186; Schneider 1997; Kost et al. 2010).

5.2 Aufgaben von Landesparteien

(1) Vermittlungs- und Repräsentationsfunktion (bei Eilfort heißt dies: „Transmissionsfunktion"). Parteien müssen Interessen und Anliegen ihrer Wählerinnen und Wähler vertreten und im politischen und staatlichen Willensbildungsprozess repräsentieren. In der politikwissenschaftlichen Begrifflichkeit lässt sich dies bezeichnen als: Artikulation, Aggregation und Repräsentation von gesellschaftlichen Interessen. Das ist ein anspruchsvolles Vorhaben insbesondere für die sogenannten Volksparteien. Denn Parteien müssen unterschiedliche Wählergruppen ansprechen, um in Wahlen möglichst viele Stimmen zu erhalten. Parteien müssen also Interessen und Anliegen von gesellschaftlichen Gruppen programmatisch aufnehmen, zum Ausgleich bringen und gegenüber Dritten vertreten. Michael Eilfort (2006, S. 209) vertritt dabei die These, dass dies den Parteien umso leichter fällt, je kleiner ihr Bezugsrahmen ist. Insoweit haben Landesparteien einen Vorteil gegenüber ihren Bundesorganisationen: Denn Parteien in Hamburg oder Bremen müssen sich kaum für landwirtschaftliche Anliegen einsetzen, während ihre Schwesterorganisationen im Saarland oder Rheinland-Pfalz sich schwerlich für maritime Belange stark machen müssen. Bundesparteien hingegen müssen beide Themen aufnehmen und zum Ausgleich bringen. Eilfort (2006, S. 209) sieht darin eine produktive „Arbeitsteilung", weil auf Landesebene bestimmte Anliegen vehement vertreten werden können, die dann im Bund relativiert und in „ein größeres Ganzes eingebettet werden" können.

(2) Sozialisierungs- und Mobilisierungsfunktion: Eilfort (2006, S. 210) betrachtet die Bundesparteien als „Damen ohne Unterleib, politikfähig, aber nicht lebensfähig und vor allem nicht (wahl-)kampfbereit." Es sind nämlich die Mitglieder der Landesparteien und deren Untergliederungen, die Plakate kleben, Stände in Fußgängerzonen organisieren oder kurz: den Wahlkampf vor Ort führen. Und dies gilt keineswegs nur für Landtagswahlen, sondern ebenso für Wahlen zum Bundestag und zum Europarlament. Auch die Sozialisation von Amtsträgern beginnt meist – aber nicht immer – auf lokaler Ebene (Eilfort 2006, S. 210). Angesprochen ist damit die berühmt-berüchtigte „Ochsentour". In dieser Variante steigen Politiker sukzessive auf.

Sie durchlaufen mehrere Gremien auf immer höheren regionalen Ebenen und werden dadurch in die Politik sozialisiert. Allerdings lassen sich in dieser Hinsicht Erosionstendenzen nicht verhehlen. So sind die Mitgliedszahlen in den Parteien kontinuierlich rückläufig und unterscheiden sich zudem beträchtlich (Niedermayer 2019). In manchen Ländern sind FDP, Grüne, Linkspartei oder auch SPD bzw. CDU nicht (mehr) in der Lage, flächendeckend Wahlkampf zu führen und landesweit in gleicher Weise Wähler zu mobilisieren.

(3) Rekrutierungsfunktion: Nach Eilfort (2006, S. 211) kommt den Landesparteien bezüglich der Rekrutierungsfunktion eine „herausragende Rolle" zu. Sie sind es (zusammen mit den jeweiligen Kreisverbänden und lokalen Gliederungen), die das politische Personal für kommunale Wahlämter (Bürgermeister, Gemeinderäte), Landesparlamente und Regierungspositionen bereitstellen. Zudem käme, so Eilfort (2006, S. 211) weiter, „ein Großteil der bedeutenden Bundespolitiker aus der Landespolitik und hat dort prägende Erfahrungen in oder als Vertreter von Landesparteien gesammelt." Zu Recht verweist Eilfort in diesem Zusammenhang darauf, dass Kanzler und Spitzenkandidat der jeweils größten Oppositionspartei meist vorher Ministerpräsident in einem Land oder Vorsitzender in einer Landespartei waren. Ausnahmen (wie Angela Merkel [CDU] 2005 oder Martin Schulz [SPD] 2017) bestätigen nur die Regel. Bisweilen übernehmen Bundespolitiker aber auch ein Amt auf Landesebene (so tauschte Manuela Schwesig [SPD] ihre Position als Bundesfamilienministerin 2017 mit dem Amt der Ministerpräsidentin von Mecklenburg-Vorpommern). Hinzu kommt, dass auch in den Ländern eine „Karrierisierung und Professionalisierung des politischen Personals" stattfindet (Schneider 1997, S. 419; vgl. auch Beyme 1997a).

(4) Schließlich zur Regierungsbildungs- oder Herrschaftsfunktion: Hier erfüllen die Parteien in den Ländern dieselben Aufgaben wie im Bund. Sie stellen das Personal bereit für die jeweilige Landesregierung und schließen ggfs. mit einer (oder mehreren) anderen Partei(en) einen Koalitionsvertrag (Kropp 2001; Kropp und Sturm 1998; Jun 1994). Besonders wichtig in

diesem Zusammenhang ist dabei die Laborfunktion. So können auf Landesebene neue Koalitionskonstellationen erprobt werden, die dann ggfs. auf die Bundesebene übertragen werden. Insofern sind Landesparteien für das Parteiensystem im Bund nicht nur „Personalreservoir", sondern verfügen auch über ein wichtiges „Innovationspotential" (Eilfort 2006, S. 211).

5.3 Parteiensysteme in den Ländern: Strukturen und Entwicklung

Ein Parteiensystem ist mehr als die Summe seiner Teile. Es erbringt Leistungen, die sich erst erschließen, wenn das Beziehungsgeflecht zwischen den Teilen in die Analyse einbezogen wird und wenn die Funktionen des Parteiensystems selbst berücksichtigt werden (Helms 1995; Haas et al. 2008; Niedermayer 2013c). Das bedeutet auch, dass zwischen Parteien und Parteiensystem unterschieden werden muss. Zum Beispiel: Was bei einer Partei als Krise gedeutet werden kann, kann im Parteiensystem keine oder sogar positive Folgen haben. Sollte etwa die AfD wieder aus den Parlamenten verschwinden, wäre das für diese Partei und deren Mandatsträger eine krisenhafte Entwicklung, für das Parteiensystem allerdings keineswegs. Das ist unmittelbar einsichtig. Dennoch wird dieser Unterschied häufig übersehen.

Nach Aline Schniewind (2008a, S. 64) stellt das „Gebiet der Landesparteiensysteme bislang ein eher stiefmütterlich behandeltes Feld dar." Sie warnt zudem davor, Landesparteiensysteme und Bundesparteisystem gleichzusetzen. Nicht nur diese beiden wären unterschiedlich, sondern auch die Landesparteiensysteme wären aufgrund der jeweils spezifischen Sozialstrukturen, Kulturen und politischen Traditionen zu differenzieren (Schniewind 2008a, S. 64; Sturm 2001, S. 84–90). Die weitere Darstellung schließt an diesen Befund an und fragt nach dem Wandel der Parteiensysteme in den Ländern. Die Entwicklungen der 16 Landesparteiensysteme lassen sich allerdings nicht einzeln darstellen und vergleichen. Das würde den Umfang nicht nur dieses Kapitels, sondern auch des Buches bei weitem überschreiten. Zudem existieren bereits mehrere Überblicke, die sich mit Landesparteien und Landesparteiensystemen beschäftigen (Schniewind 2012; Leunig 2012, S. 76–104; Jun et al. 2008; Kost et al. 2010; Niedermayer 2013c).

Wandlungen von Parteisystemen lassen sich mit unterschiedlichen Indikatoren beschreiben. Der gebräuchlichste misst die Zahl und die Stärke der Parteien, die im Parlament vertreten sind (Laakso und Taagepera 1979). Hinzu kommen andere Indizes wie die Konzentration (=Anteile von SPD+CDU/CSU) oder die Asymmetrie (=Stimmenanteile von CDU/CSU − Stimmenanteile von SPD). Die Konzentration gibt einen Hinweis auf die Stärke der beiden − ehemaligen − Volksparteien. Mit dem Indikator Asymmetrie wird das Verhältnis dieser beiden Parteien zueinander beschrieben (Reutter 2008, S. 85–87; Niedermayer 1996, S. 24). Der Index Integration gibt einen Hinweis darauf, zu welchem Anteil Wählerinnen und Wähler effektiv im Parlament vertreten werden.

Die folgende Analyse will mittels eines „asymmetrischen Vergleichs" (Kocka 1999) allgemeine Entwicklungen diskutieren. Konkret bedeutet dies, dass anhand des „Falles" Berlin Gemeinsamkeiten und Besonderheiten von Parteiensystemen in den Ländern nach 1946 herausgearbeitet werden (Tab. 5.1).[1] Unterschieden werden dabei vier Entwicklungsphasen: Der Konstituierungsphase zwischen 1945 und 1949 (1) folgte bis Ende der 1970er Jahre eine Periode der Stabilisierung und Konzentration, die mit der Gründung der Partei der Grünen ihr Ende fand (2). Retrospektiv sollten sich die 1980er Jahre als eine Art Transformationsphase erweisen (3), die durch die Vereinigung in neue Bahnen gelenkt wurde (4).

(1) Konstituierung (1945–1949): Nach der bedingungslosen Kapitulation am 8. Mai 1945 mussten Parteien neu gegründet werden (Abschn. 2.1). Ein solcher Gründungsakt stand dabei

---

[1]Ich lehne mich im Weiteren an an Reutter (2012, S. 151–155) sowie Reutter (2008, S. 84–96); vgl. für Berlin auch: Lempp (2010), Reichart-Dreyer (2008); Massing (1990) und Rytlewski (1999).

Tab. 5.1 Entwicklung des Berliner Parteiensystems (1950–2016)[a]. (Quellen: Reutter 2012, S. 152; Statistisches Landesamt Berlin 2006 ff., eigene Ergänzungen und Berechnungen)

Wahl-jahr	Kandidierende Parteien	Parteien im Parlament	Fragmentierung	[a]Integration	Konzentration (CDU+SPD)	Asymmetrie (CDU-SPD)	Anteil rechts-extremistische/-populistische Parteien
	(abs.)	(abs.)	(N)	(%)	(%)		(%)
1950	8	3	3,2	81,3	69,4	−20,0	−
1954	9	3	3,2	79,6	75,0	−14,2	−
1958	6	2	2,4	86,5	90,3	−14,9	−
1963	4	3	2,1	87,7	90,7	−33,1	−
1967	5	3	2,3	72,3	89,8	−24,0	−
1971	5	3	2,5	85,1	88,6	−12,2	−
1975	7	3	2,6	81,4	86,5	+1,3	−
1979	6	3	2,6	79,7	87,1	+1,7	−
1981	6	4	2,6	82,5	86,3	+9,7	−
1985	9	4	2,9	80,8	78,8	+14,0	−
1989	10	4	3,3	71,1	75,0	+0,4	7,5

(Fortsetzung)

Tab. 5.1 (Fortsetzung)

Wahljahr	Kandidierende Parteien	Parteien im Parlament	Fragmentierung	ªIntegration	Konzentration (CDU+SPD)	Asymmetrie (CDU-SPD)	Anteil rechtsextremistische/-populistische Parteien
1990	10	5	3,6	77,1	70,8	+10,0	3,1
1995	19	4	4,2	61,5	61,0	+13,8	2,7
1999	17	4	3,8	60,2	63,2	+18,4	3,5
2001	14	5	4,7	63,8	53,5	−5,9	2,2
2006	11	5	5,0	49,0	52,1	−8,5	3,5
2011	22	5	5,3	53,1	51,5	−4,9	2,1
2016	15	6	6,5	59,8	39,2	−4,0	14,8

ªvgl. Erläuterungen im Text

stets unter dem Vorbehalt der Genehmigung durch die Alliierten. Vorreiter in dieser Phase war die SMAD, die bereits am 10. Juni 1945 die Gründung von „antifaschistischen Parteien" erlaubte. Die Militäradministrationen der Westzonen zogen wenig später nach (Leunig 2012, S. 80–86). In Berlin war die Gründungsphase der Parteien zudem durch einen sich verschärfenden Ost-West-Konflikt geprägt. Dieser fand seinen dramatischen Höhepunkt in der auf den Ostteil der Stadt beschränkten und dort von der sowjetischen Besatzungsmacht unterstützten Zwangsvereinigung der Kommunistischen mit der Sozialdemokratischen Partei Deutschlands (Massing 1990, S. 154). In den anderen Ländern der Bundesrepublik ist die Formierungsphase 1946 bis 1949 ebenfalls geprägt durch die Gründung neuer Parteien. Durch die Lizenzierungspolitik der Alliierten blieb die Anzahl der Parteien bis 1949 in allen Ländern begrenzt. Der Parteiaufbau erfolgte dabei von unten nach oben.

(2) Konzentration, Stabilität, Integration (1949–1977): Die Phase nach Verabschiedung des Grundgesetzes bis Ende der 1970er Jahre lässt sich mit den drei genannten Stichworten umschreiben (Leunig 2012, S. 86–98). Erneut weist der Berliner Fall einige Besonderheiten auf (Rytlewski 1999; Reutter 2012; Reichart-Dreyer 2008). Die erste Wahl zum Abgeordnetenhaus Berlin war durch die beschriebene Vorgeschichte geprägt. Die KPD spielte hier – im Unterschied zu anderen Ländern – keine Rolle. Auch ihre Nachfolgeorganisationen (SED, SED-W bzw. SEW) gelang nie der Einzug in das Abgeordnetenhaus. SPD und CDU erhielten in Berlin bis zu 90 Prozent der Stimmen; im Durchschnitt stellten sich sechs Parteien zur Wahl, von denen die Hälfte ins Parlament einzog; dementsprechend fiel die Anzahl der effektiven Parteien auf bis zu 2,1. Dem entspricht der hohe Anteil der Wahlberechtigten, die im Abgeordnetenhaus effektiv repräsentiert waren, weil sie für eine Partei votiert hatten, die den Einzug ins Parlament schafften (Integration) In dieser Periode funktionierte der Parteiwettbewerb in Berlin und in den anderen Ländern wie in einem Zweiparteiensystem. Zwei große Volksparteien und eine kleine Partei konkurrierten um die Wählerinnen und Wähler. In Berlin dominierte dabei die SPD,

die bis 1981 fast durchgängig den Regierungschef stellte.[2] Diese sozialdemokratische „Hegemonie" (Rytlewski 1999, S. 320) ließ die SPD als *die* Berlin-Partei schlechthin erscheinen.

In den anderen Ländern vollzogen sich ähnliche Entwicklungen, allerdings unter teilweise anderen Vorzeichen. So waren in den südlichen Bundesländern (Bayern und Baden-Württemberg) CSU bzw. CDU besonders stark, während die SPD in den Stadtstaaten und in nördlichen Ländern Erfolge erzielen konnte (Reutter 2008, S. 88 f.; Weichlein 2019, S. 118–153; Sturm 2001, S. 84–90). In den zwischen 1946 und 1961 durchgeführten 40 Landtagswahlen beteiligten sich rund 76 % der Wahlberechtigten, wobei die großen Parteien CDU, CSU und SPD im Durchschnitt rund 70 % der abgegebenen Stimmen erhielten. Die Polarisierung war gering, auch wenn die rechtsextreme NPD in mehreren Landesparlamenten vertreten war (und bei der Bundestagswahl 1966 immerhin 4,3 % der Zweitstimmen auf sich vereinigen konnte). Bemerkenswert ist auch, dass in den Ländern die SPD besser abschnitt als die konservativen Parteien, während bei Bundestagswahlen CDU/CSU regelmäßig die meisten Stimmen erhielten.

(3) Transformation (1977–1990). In den 1980er Jahren erfuhren die Parteiensysteme in den Ländern und in Berlin einen grundlegenden Wandel, der allerdings unterschiedlich verlief und jeweils landesspezifische Ausprägungen aufwies. In Berlin fand ab 1977 eine Machtverschiebung zugunsten der CDU statt, die zur stärksten Partei wurde und schließlich Regierungsverantwortung übernahm (Rytlewski 1999, S. 321–325; Reutter 2012, S. 153–154). Gleichzeitig stieg die Anzahl der Parteien, die an Wahlen zum Abgeordnetenhaus teilnahmen oder sogar in das Berliner Parlament einzogen. Der 1977 gegründeten Alternativen Liste für Umweltschutz und Demokratie (AL) – der Berliner Ableger der Grünen – gelang dies 1981 und den rechtspopulistischen Republikanern 1989 (Massing 1990, S. 160–161).

---

[2]Walther Schreiber (CDU) war nach dem Tode Ernst Reuters (SPD) 1953 für zwei Jahre Regierender Bürgermeister von Berlin.

In dieser Periode konnten SPD und CDU nur noch durchschnittlich 75 % der abgegebenen Stimmen auf sich vereinigen. Für die meisten überraschend kam gleichwohl der Regierungswechsel 1989. Zwar blieb die CDU bei dieser Wahl trotz erheblicher Verluste stärkste Partei, doch war eine große Koalition sowohl von der SPD als auch der CDU vor der Wahl ausgeschlossen worden. Die einzig mögliche Option war damit das erste rot-grüne Bündnis in Berlin. Was 1977 mit der Gründung der AL begonnen hatte, sich 1979 mit ihrer ersten Beteiligung an den Wahlen und 1981 mit ihrem Einzug ins Abgeordnetenhaus fortsetzte, führte 1989 zu einer Regierungsbeteiligung. Doch blieb die rot-grüne Regierung unter Walter Momper als Regierendem Bürgermeister kurzlebig. Die Koalition endete bereits am 19. November 1990 noch vor den ohnehin vorgezogenen Neuwahlen mit dem Rücktritt der drei AL-Senatorinnen.

Der Vergleich der Berliner Entwicklung mit derjenigen in den anderen Bundesländern bringt erneut Besonderheiten und Gemeinsamkeiten hervor. Die Partei der Grünen bzw. ihre jeweiligen Landesgliederungen begannen 1977, sich an Wahlen zu beteiligen und sukzessive in Landesparlamente einzuziehen. Für andere Parteien war dies offenbar Motivation genug, um sich ebenfalls um Parlamentsmandate zu bewerben. Die Wahlbeteiligung in den Ländern war in dieser Periode immer noch außerordentlich hoch und erreichte im Durchschnitt fast die 80-Prozent-Marke. Die Volksparteien brauchten sich noch keine allzu großen Sorgen zu machen, denn auf sie entfielen durchschnittlich rund 86 % der abgegebenen Stimmen (Reutter 2008, S. 89–97).

(4) Mit der Vereinigung haben sich die Parteiensysteme in den Ländern erneut und grundlegend gewandelt (Niedermayer 1997). Der Berliner Fall ist hier repräsentativ: Zum einen verstärkten sich die langfristigen Trends, die sich auch schon in den 1980er Jahre abgezeichnet hatten. Es gab noch mehr Parteien (Fragmentierung), die beiden großen Parteien verloren an Stimmen (Konzentration) und die im Parlament vertretenen Parteien repräsentierten weniger Wählerinnen (Integration). Zum anderen entstanden auch in Berlin neue Strukturen. Das ehemals

hochkonzentrierte Parteiensystem mit zwei großen Volksparteien hat sich in ein multipolares System ohne politisches Gravitationszentrum verwandelt. Die Anzahl der effektiven Parteien ist bei der letzten Wahl auf über sechs gestiegen; CDU und SPD konnten bei der Wahl 2016 zusammen gerade noch 39 Prozent der Wählerinnen für sich reklamieren (was 25,8 % der Wahlberechtigten entsprach). Hinzu kommt, dass mit der AfD eine dezidiert rechtspopulistische, in Teilen sogar rechtsextremistische Partei im Abgeordnetenhaus vertreten ist und sich das Wahlverhalten im Ostteil der Stadt deutlich von demjenigen im Westteil unterscheidet. Ähnliche Entwicklungen fanden in den anderen Bundesländern statt. Auch dort kommt das Zeitalter der Volksparteien sukzessive an sein Ende. Bei deutlich gesunkener Wahlbeteiligung sind CDU/CSU und SPD in den Ländern immer weniger in der Lage, Wählerinnen und Wähler an sich zu binden, was die Regierungsbildung erschwert. Gleichzeitig gewannen Parteien am linken und rechten Rand des politischen Spektrums an Gewicht und Bedeutung. Dementsprechend bunt ist inzwischen die Koalitionslandschaft.

Unbeschadet der scheinbar parallel verlaufenden Entwicklungen ergibt die Analyse der Wahlen und der Parteiensysteme in den Ländern ein uneinheitliches Bild. Oskar Niedermayer zieht in seiner Analyse der Landesparteiensysteme das Fazit, dass man mit „generalisierenden Aussagen" über Gemeinsamkeiten oder Unterschiede „sehr vorsichtig sein sollte" (Niedermayer 2013c, S. 782). Die Landesparteiensysteme würden so stark variieren, dass von einer „Homogenität" nicht gesprochen werden könne. Auch längerfristige Entwicklungen ließen keine systematischen Unterschiede erkennen, die es, so Niedermayer, rechtfertigen würden, „eindeutig zwischen verschiedenen Gruppen von Ländern zu unterscheiden, auch nicht zwischen ost- und westdeutschen Ländern" (Niedermayer 2013c, S. 782).

Gleichwohl lassen die dargestellten Befunde drei Schlussfolgerungen zu: Erstens, Parteienwettbewerb und Parteiensysteme haben seit der Vereinigung an Komplexität gewonnen. Früher bestehende politische Erbhöfe sind verschwunden. Die Jahrzehnte dauernde Vormachtstellung der CDU in Baden-Württemberg ist Geschichte. Dasselbe gilt für die SPD in Brandenburg und Bremen, für die CDU in Sachsen und in Thüringen. Allein die CSU kann noch begründet darauf hoffen, dass sie auch in der absehbaren Zukunft die dominierende Partei in Bayern bleiben wird. Zweitens, von einer „Entkopplung" der Parteiensysteme von Bund und Länder lässt sich nicht sprechen. Gleichwohl gibt es viele Belege, die auf eine ausgeprägte Tendenz zur Regionalisierung hinweisen (Hough und Jeffery 2003; Sturm 2001, S. 81–90; Niedermayer 1997; Detterbeck und Renzsch 2008; Detterbeck 2019; Decker und Blumenthal 2002). Die Länder spielen für die Parteien und für den Parteienwettbewerb eine immer wichtigere und zunehmend eigenständige Rolle. Drittens, kleinen Parteien gelang immer wieder der Einzug in Landesparlamente. Das betrifft nicht nur die Grünen – beziehungsweise ihre jeweiligen regionalen Varianten wie die GAL in Hamburg oder die AL in Berlin –, sondern auch rechtspopulistische bzw. rechtsextremistische Parteien wie die NPD, die Republikaner, die DVU, die Schill-Partei, die AfD und andere Splittergruppen. Auch die Freien Wähler sind inzwischen in Bayern und in Brandenburg parlamentarisch vertreten. In den Parteiensystemen der Länder geschieht also mehr und anderes als im Bund. Insoweit gebührt ihnen eine eigenständige Rolle für die Demokratie in der Bundesrepublik Deutschland.

Parlamente, Regierungen und Verfassungsgerichte: Gewaltengliederung in den Ländern

6

> **Zusammenfassung**
>
> Regiert wird in den Bundesländern ähnlich wie im Bund – und doch anders. Wie im Bund die Bundesregierung sind in den Bundesländern die Landesregierungen abhängig vom jeweiligen Parlament und können durch Gerichte kontrolliert werden. Anders als auf Bundesebene gibt es in den Ländern aber keine zweiten Parlamentskammern, und abweichend vom Bund haben die Landesverfassungsgerichte bisher nicht annähernd die Bedeutung erlangen können wie das Bundesverfassungsgericht auf zentralstaatlicher Ebene. Das Kapitel beschreibt Prinzipien der Gewaltengliederung in den Ländern sowie Aufbau, Arbeitsweise und Bedeutung von Landesparlamenten, Landesregierungen und Landesverfassungsgerichten.

6.1 Gewaltengliederung in den Ländern

Montesquieu war zwar nicht der erste, aber doch der bei weitem einflussreichste Theoretiker, der sich mit der Frage beschäftigte, wie man einen Staat aufbauen müsste, um die Freiheit der Bürgerinnen und Bürger zu sichern (Oberreuter 1992b; Schmidt 2000, S. 74–90). In dem berühmten 6. Kapitel des XI. Buches seines 1748 erschienen Hauptwerkes „Vom Geist der Gesetze" beschreibt Charles-Louis de Secondat, Baron de La Brède de

Montesquieu, wie er mit vollem Namen hieß, die „Verfassung von England" und leitet daraus allgemeine Prinzipien ab. Diese Prinzipien haben noch heute Gültigkeit. Montesquieu (1979)[1] definiert in diesem Kapitel drei öffentliche Gewalten: die Legislative, die Exekutive und die Judikative. Damit öffentliche Gewalt nicht missbraucht und Freiheit garantiert werden könne, müsse „durch die Anordnung der Dinge" bewirkt werden, dass „die Macht die Macht" bremse (XI. Buch 4. Kapitel). Oder: „le pouvoir arrête le pouvoir", wie es im französischen Original heißt. Montesquieu glaubt also nicht an die Tugend des Menschen. Er geht vielmehr davon aus, dass sogar „die Tugend [...] Grenzen nötig" habe (XI. Buch 4. Kapitel). Und diese Grenzen lassen sich durch eine bestimmte „Anordnung der Dinge" oder durch ein System von „checks and balances" markieren. Die „Anordnung der Dinge" lässt sich nun unterschiedlich bewerkstelligen.

In den deutschen Ländern funktioniert die Gliederung von gesetzgebender, ausführender und rechtsprechender Gewalt ähnlich wie im Bund – aber unter anderen Voraussetzungen. Wie im Grundgesetz ist in den Ländern Gewaltenteilung ein verfassungsrechtliches Grundprinzip. Die Staatsfunktionen der Gesetzgebung, der Ausführung und der Rechtsprechung werden durch die Organe ausgeübt, die in den Verfassungen genannt sind. Wie im Bund die Bundesregierung sind in den Ländern die Landesregierungen abhängig vom jeweiligen Parlament und selbstredend an die Verfassung und an Gesetz und Recht gebunden. Verwaltungs- und Verfassungsgerichte können dies im Zweifelsfall kontrollieren und Parlament und Regierung auf die Einhaltung gesetzten Rechts verpflichten. Aber: Anders als auf Bundesebene gibt es in den Ländern keine zweiten „Parlamentskammern", und abweichend vom Bund haben die Landesverfassungsgerichte bisher nicht annähernd die Bedeutung erlangen können wie das Bundesverfassungsgericht auf zentralstaatlicher Ebene. Erwähnt wurde zudem die Möglichkeit zur

---

[1]Die Übersetzungen stammen aus der von Kurt Weigand zusammengestellten Reclam-Ausgabe (Montesquieue 1994).

Volksgesetzgebung und anderer direktdemokratischer Verfahren, die auf Bundesebene bisher ohne Bedeutung sind. All dies ist zu berücksichtigen, wenn im Weiteren Strukturen, Arbeitsweise und Rolle der drei genannten Verfassungsorgane sowie ihr Verhältnis zueinander dargestellt werden.

6.2 Landesparlamente: die legislative Gewalt

Parlamente und Demokratie gehören in den Ländern zusammen. Umso dramatischer scheint daher die vielfach vertretene Auffassung, Landesparlamente hätten kontinuierlich an Macht und Einfluss verloren (Eicher 1988; Thaysen 2005). Für Hans-Herbert von Arnim sind sie – bei „Lichte besehen" – sogar schon abgeschafft und nur noch „Nisthöhlen" für die „politische Klasse", die sich, so Arnim, Landtagsmandate und „andere „Pfründ[e]" sichern will (Arnim 2002, S. 162 f.; vgl. auch Kirbach 2002). Solche Zerrbilder haben mit der parlamentarischen Wirklichkeit nichts zu tun (Reutter 2008, S. 349–341; Carstensen und Schüttemeyer 2015; Jesse et al. 2014, S. 69). Vielmehr wird im Weiteren mit Werner J. Patzelt (2006, S. 128) davon ausgegangen, dass Landesparlamente eine zusätzliche Ebene „politischer Responsivitätsentfaltung, Mitsteuerung und politischer Führung" bereitstellen. Es sind also demokratische Vertretungskörperschaften, die Gesetze verabschieden sowie Regierungen bilden und kontrollieren. Zudem gilt: „Pauschale Urteile" verbieten sich (Jesse et al. 2014, S. 72). Strukturen, Arbeitsweise und Funktionen der Volksvertretungen variieren zwischen den Ländern, wie die weitere Darstellung deutlich macht.

6.2.1 Aufbau und Arbeitsweise

Aus historischen Gründen heißen die Landesparlamente in den Flächenländern „Landtag", in Berlin „Abgeordnetenhaus" sowie in Bremen und Hamburg „Bürgerschaft". Ende Dezember 2019 saßen 1866 Abgeordnete in diesen Landesparlamenten, wobei der Saarländische Landtag über 51 und der Bayerische Landtag über 205 Abgeordnete verfügte. Rechnerisch vertrat damit 2019 ein Abgeordneter in Bremen 5661 Wahlberechtigte, während es in Nordrhein-Westfalen 72.734 waren. Die Abgeordneten sind in keinem Parlament an Aufträge oder Weisungen gebunden, überall nur ihrem Gewissen unterworfen und vertreten stets das jeweilige Landesvolk als Ganzes.

Kein Parlament der Welt kann die gesellschaftliche Sozialstruktur eins zu eins abbilden. Das muss es auch nicht. Es muss vielmehr in der Lage sein, die unterschiedlichen gesellschaftlichen Interessen und Anliegen aufzunehmen, oder in den Worten Patzelts: es muss „responsiv" sein. Soziologisch gesehen, bringen die Landesparlamente dafür auch einige Voraussetzungen mit. Die Abgeordneten unterscheiden sich nach Herkunft, Bildung, Beruf, Alter und Geschlecht. Folgt man einschlägigen Untersuchungen, dominiert in den Landesparlamenten allerdings inzwischen der Berufspolitiker, der „von" der Politik lebt. Er bezieht seine Einkünfte, Diäten genannt, von seinem Beruf als Abgeordneter. Seine Aufgaben bestehen vor allem aus „Sitzungen" sowie Informations- und Kontakttätigkeiten. Das jedenfalls sind die Resultate von Abgeordnetenbefragungen (Patzelt 1995; Reutter 2008, S. 138; Schüttemeyer et al. 1999). Im Übrigen: Landesparlamente kosteten die Einwohnerinnen 2013 gerade einmal durchschnittlich rund 15 EUR pro Jahr (Reutter 2013, S. 22).

Strukturell lassen sich Landesparlamente mit drei Begriffen beschreiben: Sie sind Verfassungsorgane, eine Mischung aus Rede- und Arbeitsparlament sowie Fraktionsparlamente (vgl. zum Weiteren Reutter 2008, S. 149–192; Leunig 2012, 61–158; Leunig und Reutter 2012; Carstensen und Schüttemeyer 2015).

- Als „Verfassungsorgan" sind die Landesparlamente berechtigt, ihre inneren Angelegenheiten selbst zu regeln. Sie verfügen über einen eigenen Etat im Haushalt des Landes, und ihre Aufgaben sind zumindest teilweise in der Verfassung definiert. Alle Landesparlamente haben sich eine Geschäftsordnung gegeben. Sie wählen ihre Leitungsgremien selbst, die meist aus einem Präsidenten, einem oder mehreren Vizepräsidenten, einem

Präsidium, einem Ältestenrat und Schriftführern bestehen. Diese Gremien können in den Parlamenten unterschiedliche Namen tragen. Sie repräsentieren das Parlament nach außen, gewährleisten die innere Ordnung und sorgen für einen möglichst reibungslosen parlamentarischen Ablauf. In der Regel sind in diesen Gremien alle Fraktionen vertreten, weil nur so die parlamentarischen Arbeitsabläufe gewährleistet werden können. Doch hat der Einzug der AfD in die Landesparlamente in dieser Hinsicht zu Konflikten geführt (Reutter 2016a). Besonders hervorzuheben ist dabei die Rolle der Präsidenten. Sie werden in der Regel von der stärksten Fraktion gestellt und sind schwer oder überhaupt nicht abzuwählen. Sie (bzw. ggfs. Vizepräsidenten) verfügen über weitreichende Kompetenzen: Sie vertreten das Parlament nach außen, üben das Hausrecht aus, eröffnen und leiten die Plenarsitzungen, sind oberste Dienstvorgesetzte der Parlamentsverwaltungen, erstellen die Haushaltspläne und nehmen schließlich Aufgaben wahr, die auf Bundesebene das Staatsoberhaupt erfüllt (z. B. Gesetz auszufertigen).

- „Arbeits- und Redeparlamente": Dieses Begriffspaar verweist auf unterschiedliche Funktionen, es findet aber auch in Parlamentsgremien seinen Ausdruck, nämlich im Plenum und in den Fachausschüssen. Meist wird ein Parlament mit dem Plenum, also der Vollversammlung der Abgeordneten, gleichgesetzt. Der im Fernsehen häufig gezeigte halbleere Plenarsaal gilt dann als Beleg dafür, dass die Abgeordneten ihrer Arbeit nicht nachkommen. Das ist allerdings eine Fehlwahrnehmung. Denn in „Arbeitsparlamenten" – wie es die Landesparlamente vor allem sind – kommt Ausschüssen eine zentrale Rolle zu. Fachausschüsse sind Hilfsorgane des Plenums und sollen dessen Beschlüsse vorbereiten. In der parlamentarischen Praxis geht ihr Einfluss noch darüber hinaus. Sie diskutieren und ändern Gesetzesvorlagen und kontrollieren die Regierung, sind also nicht nur Hilfsorgane, sondern nehmen Entscheidungen des Plenums vielfach vorweg. Sie tagen auch wesentlich häufiger als die Vollversammlungen (Reutter 2013, S. 26). Landesparlamente verfügen über mehrere Fachausschüsse (2006 waren es durchschnittlich: 12; Reutter 2013, S. 26), die sich inhaltlich – mehr oder weniger – an den Ressorts der jeweiligen Landesregierung orientieren. Das erleichtert die fachliche Kontrolle der Exekutive durch die Ausschüsse und die Beratungen von Gesetzesvorhaben. Gleichzeitig drückt sich darin die enge Verzahnung der parlamentarischen Arbeit mit der Regierung aus. Darüber hinaus können Landesparlamente Untersuchungsausschüsse und Enquetekommissionen einrichten. In Bremen und Hamburg existieren zudem noch „Deputationen", die die Verwaltung überwachen. Abschließende Entscheidungen über Gesetze sind allein im Plenum möglich, die in der Regel nach eingespielter Übung von dem jeweiligen Präsidenten in regelmäßigen Abständen einberufen werden. Bspw. tagt der Landtag von Brandenburg rund alle vier Wochen von Mittwoch bis Donnerstag oder Freitag; in Berlin tagt das Plenum in zweiwöchigem Rhythmus für jeweils einen Tag. Selbstredend kann von diesen Regeln jederzeit abgewichen werden. Der Ablauf einer Plenarsitzung ist minutiös geplant. Für Überraschungen, die natürlich immer wieder vorkommen, bleibt wenig Spielraum.

- Der Begriff „Fraktionenparlament" verweist auf die zentrale Bedeutung, die diese Gremien in Landesparlamenten besitzen. Parlamentarische Regierungssysteme sind ohne (Parteien und) Fraktionen nicht denkbar. Sie wären funktionsunfähig. Fraktionen sind rechtsfähige Zusammenschlüsse von Parlamentsabgeordneten, die meist derselben Partei angehören. Fraktionen werden am Beginn einer Wahlperiode von einer Mindestanzahl von Abgeordneten (z. B. 5 %) gegründet. Wird diese Mindestanzahl nicht erreicht, können Abgeordnete eine parlamentarische Gruppe bilden oder ihr Mandat unabhängig wahrnehmen. Fraktionen stehen die wichtigsten parlamentarischen Rechte zu. Sven Leunig (2012, S. 146) hat zutreffend betont, dass die „Konzentration parlamentarischer Rechte auf die Fraktionen […] nicht nur deren Bedeutung [anzeigt], sondern auch den Grad der Mediatisierung des einzelnen Abgeordneten, der praktisch nur über seine Mitgliedschaft in einer Fraktion an vielen parlamentarischen Funktionen teilhaben kann." Wie die Landesparlamente insgesamt geben sich auch die Fraktionen eine Geschäftsordnung, um ihre inneren Angelegenheiten zu regeln (Reutter 2008, S. 183–192).

Abhängig von ihrer Größe weisen die Fraktionen alle ähnliche Strukturen (Fraktionsvorsitzender, Vorstand, Arbeitskreise, parlamentarischer Geschäftsführer) und Funktionsprinzipien auf. Es wäre ein Missverständnis, zwischen Fraktionen und Fraktionsdisziplin einerseits und freiem Mandat der Abgeordneten andererseits einen Widerspruch zu sehen (Patzelt 1998b). Im Gegenteil, beide sind voneinander abhängig und bedingen sich. Ein einzelner Abgeordneter wäre heillos überfordert und bliebe ohne Einfluss auf das Parlamentsgeschehen, schlösse er sich nicht mit anderen zusammen. Deswegen ist er – oder sie – von der Fraktionsgemeinschaft abhängig. Gleichzeitig verfügen allein Abgeordnete über die wichtigste Ressource im Parlament: das Stimmrecht (Patzelt 1998b; Reutter 2008, S. 183–192).

In dieser arbeitsteiligen Struktur vollzieht sich parlamentarische Willensbildung und Entscheidungsfindung. Sie ist Grundlage und Voraussetzung dafür, dass Landesparlamente ihre Aufgaben erfüllen können.

6.2.2 Aufgaben: „Reden und Handeln"[2]

Einordnung und Bewertung parlamentarischer Leistungen hängen davon ab, wie man Parlamente versteht. Begreift man Parlamente vor allem als Ort der öffentlichen Auseinandersetzung über politische Fragen (Habermas 1993; Schmitt 1988), wird man parlamentarische Debatten untersuchen, die in der Vollversammlung der Abgeordneten stattfinden. Glaubt man, dass ein Parlament vor allem Gesetze zu erlassen und die Regierung zu kontrollieren hat, stehen die Ausschüsse im Vordergrund. Im Weiteren werden in Anlehnung an Walter Bagehot (1993) vier Funktionen näher dargestellt. Damit soll ein möglichst umfassendes Bild der landesparlamentarischen Aufgaben gezeichnet werden (vgl. für das Weitere: Reutter

---

[2]Die Charakterisierung stammt von Carstensen und Schüttemeyer (2015).

2008, S. 193–310; Leunig und Reutter 2012; Carstensen und Schüttemeyer 2015).

Kreationsfunktion (Wahlfunktion): Wie der Bundestag wählen Landesparlamente Mitglieder anderer Verfassungs- oder Staatsorgane und weiterer Gremien. Dazu zählen die Regierungschefs, Verfassungsrichter, Mitglieder von Landesrundfunkräten oder Mitglieder der Bundesversammlung, die ihrerseits den Bundespräsidenten wählt. Die Liste ließe sich leicht verlängern. Meist vollziehen sich diese Wahlen ebenso reibungs- wie geräuschlos. Aber nicht immer. Zuletzt stellte schon manche Wahl von Parlamentspräsidenten oder Ausschussvorsitzenden eine Herausforderung dar (Reutter 2016a, S. 607). Die effektive Erfüllung der Wahlfunktion ist also kein Selbstläufer und abhängig von den parteipolitischen Mehrheitsverhältnissen in dem jeweiligen Landesparlament.

Die Wahl von Regierungschefs lässt sich mit Schneider (2001, S. 13; März 2006) als „quasi-plebiszitärer" Legitimationsakt verstehen. Denn die Parteien treten bei Wahlen mit Spitzenkandidaten an, die für sich den Posten des Regierungschefs beanspruchen, wenn sie die Wahlen erfolgreich abschließen. Insoweit „ratifiziert das Parlament bei der Ministerpräsidentenwahl" meist nur das Wahlergebnis (Anter und Frick 2016, S. 106). Kompliziert wird es, wie erwähnt, wenn die Wahlen zu keiner klaren Mehrheit führen und es dem Parlament nicht gelingt, einen Regierungschef zu wählen. Eine Regierungsbildung ist dann nicht möglich. Dann bleibt entweder die alte Regierung geschäftsführend im Amt oder das Parlament wird aufgelöst. Dennoch gilt die Wahl eines Regierungschefs als „Herzstück des parlamentarischen Regierungssystems deutscher Prägung" (Neumann 2000, S. 198). Dieses „Herz" schlägt in den Parlamenten aber nicht immer im selben Rhythmus (Klecha 2010; Ley 2010, 2015, 2016; Leunig 2012, S. 179–200). Dies betrifft alle Aspekte des Wahlaktes (Tab. 6.1):

- Mehrheit: In den meisten Landesparlamenten ist die absolute Mehrheit notwendig, also mehr als 50 % der gewählten Abgeordneten, um einen Regierungschef ins Amt zu bringen. In anderen (BY und HB) reicht die Mehrheit der abgegebenen Stimmen. In fünf Ländern ist eine Minderheitsregierung möglich, in den anderen nicht.

Tab. 6.1 Wahl der Regierungschefs in den deutschen Ländern. (Quelle: Klecha 2010, S. 209, 215, 213; Reutter 2013, S. 50; Pestalozza 2014b; eigene Ergänzungen)

Land	Mehrheit im ersten Wahlgang	Relative Mehrheit (späterer Wahlgang)	Frist[a]	Parlamentsauflösung bei Scheitern[c]	Misstrauensvotum[b]	Vertrauensfrage
BW	Absolute	Nein	3 Monate	Ja	Konstruktiv	Nein
BY	Einfache	Ja	1 Woche	Nein	Einfach	Nein
BE	Absolute	Ja	Keine	Nein	Einfach	Nein
BB	Absolute	Ja	3 Monate	Ja	Konstruktiv	Ja
HB	Einfache	Ja	Keine	Nein	Konstruktiv	Nein
HH	Absolute	Nein	Keine	Nein	Konstruktiv	Ja
HE	Absolute	Nein	Keine	Nein	Einfach	Nein
MV	Absolute	Ja	4 Wochen	Möglich	Konstruktiv	Ja
NI	Absolute	Ja	3 Wochen	Möglich	Konstruktiv	Nein
NW	Absolute	Ja	Keine	Nein	Konstruktiv	Nein
RP	Absolute	Nein	Keine	Nein	Einfach	Nein
SL	Absolute	Nein	3 Monate	Ja	Einfach	Ja
SN	Absolute	Ja	4 Monate	Ja	Konstruktiv	Nein
ST	Absolute	Ja	2 Wochen	Möglich	Konstruktiv	Ja
SH	Absolute	Ja	Keine	Nein	Konstruktiv	Nein
TH	Absolute	Ja	Keine	Nein	Konstruktiv	Ja

[a]nach Zusammentritt eines neu gewählten Landtages
[b]in Bayern muss der Ministerpräsident zurücktreten, wenn eine vertrauensvolle Zusammenarbeit nicht mehr möglich ist; in Berlin verfällt das Misstrauensvotum, wenn nicht innerhalb von drei Wochen kein neuer Regierungschef gewählt wird, in Hessen, Rheinland-Pfalz und im Saarland muss innerhalb von zwölf Tagen, vier Wochen bzw. drei Monaten eine neue Regierung eingesetzt werden, sonst ist der Landtag aufgelöst
[c]in MV und NI ist ein Parlamentsbeschluss notwendig; grundsätzlich besteht in allen Landesparlamenten die Möglichkeit zur Selbstauflösung

- Frist: In manchen Landesparlamenten muss ein Regierungschef innerhalb einer bestimmten Frist nach Beginn einer Legislaturperiode gewählt werden, in anderen bleibt die alte Regierung geschäftsführend so lange im Amt, bis sich eine regierungsbildende Mehrheit gefunden hat. Bei den einen führt das Scheitern bei der Regierungsbildung zur Parlamentsauflösung, bei den anderen tritt diese Folge nicht ein.
- Misstrauensvotum/Vertrauensfrage: In fünf Ländern kann das Parlament die Regierung mit einem einfachen Misstrauensvotum zu Fall bringen, in anderen ist dies – wie im Bundestag – nur dadurch möglich, dass ein neuer Regierungschef gewählt wird. Schließlich können nur in sechs Ländern die Regierungschefs eine Vertrauensfrage stellen (Reutter 2005).

Unbeschadet der genannten Variationen lässt sich in diesem Bereich schwerlich von Funktionsdefiziten oder Funktionsproblemen sprechen. Ein Machtverlust der Landesparlamente bei der Regierungsbildung lässt sich jedenfalls nicht feststellen. Die Parlamente konnten diese Aufgabe effizient erfüllen (selbstredend auf Grundlage der Wahlergebnisse und von Parteiabsprachen). Landesregierungen kamen rasch und meist mit stabilen Mehrheiten ins Amt. Misstrauensvoten waren ebenso selten wie Selbstauflösungen von Parlamenten, ganz zu schweigen von Minderheitsregierungen, die seltene Ausnahmen blieben und meist nur als Übergangsphänomene gelten können (Reutter 2008, S. 208–230; Klecha 2010; Leunig 2017). Allerdings haben sich in den letzten Jahren durch die Wahlergebnisse die Voraussetzungen für eine Regierungsbildung in den Ländern erheblich erschwert, was sich nicht nur in der Dauer der Regierungsbildung niederschlug, sondern auch darin, dass Koalitionen zwischen Parteien gebildet werden mussten, die über wenig politische Gemeinsamkeiten verfügten. Besonders dramatisch gestaltete sich dies in Thüringen, wo Thomas Kemmerich (FDP) sich am 5. Februar 2020 vom Landtag mit den Stimmen von CDU, FDP und AfD zum Ministerpräsidenten wählen ließ. Er erhielt im dritten Wahlgang eine Stimme mehr als sein Gegenkandidat Bodo Ramelow (Die Linke). Eine Regierungsbildung war auf dieser Grundlage nicht möglich. Kemmerich ernannte keine Minister, konnte mithin kein Kabinett bilden und trat bereits drei Tage später, am 8. Februar 2020, wieder von seinem Amt zurück. Die Wahl Kemmerichs wurde zurecht als „Tabubruch" qualifiziert. Denn es war das erste Mal in der Geschichte der Bundesrepublik Deutschland, dass sich ein Regierungschef mit Unterstützung einer rechtsradikalen Partei in sein Amt wählen ließ.

Gesetzgebungsfunktion: Gesetze sind das wichtigste Steuerungsmedium des Staates zur Gestaltung von Gesellschaft, und über die Gesetzgebung nehmen Parlamente ihren Auftrag wahr, an dieser Gestaltung aktiv mitzuwirken (Oberreuter 1992a). An dieser Stelle kann nun nicht darauf eingegangen werden, ob und inwieweit die verabschiedeten Gesetze zu den erwünschten Wirkungen geführt haben und was die Ursachen für einzelne Gesetzesvorhaben waren. Solche Fragen werden im Rahmen von Politikfeldanalysen oder im Rahmen der Gesetzgebungswissenschaft beantwortet (Beyme 1997b; Hildebrandt und Wolf 2016b). Hier kann es nur darum gehen, die Gesetzgebungstätigkeit der Landesparlamente zu skizzieren. Drei Aspekte sind dabei von Bedeutung.

Erstens, anders als im Bund gibt es in den Ländern nur ein Verfassungsorgan, das abschließend über Gesetzentwürfe entscheiden kann: das Landesparlament. (Das Volk ist kein Verfassungsorgan.) Unterschiedliche Mehrheitsverhältnisse in zwei gesetzgebenden Körperschaften sind in den Ländern nicht möglich. Es gibt in den Ländern keine zweiten Kammern oder andere Organe, deren Zustimmung erforderlich wäre, um ein Gesetz in Kraft zu setzen.[3] Aus demokratietheoretischer Perspektive ist das ohne Zweifel von Vorteil, weil Politikergebnisse eindeutig zurechenbar sind und transparent zustande kommen (Abb. 6.1).

Gesetze sind die Regeln, die „in dafür vorgesehenen Verfahren vom Gesetzgeber als Gesetz beschlossen" werden (Hesse und Ellwein 2012, S. 363). Diese Definition verweist darauf, dass sich ein Gesetz nicht über dessen Inhalt erschließen lässt, sondern allein über das vorgesehene Verfahren. Gesetzgebungsverfahren müssen demokratischen Anforderungen genügen

---

[3]Der in Bayern bis 1999 bestehende Senat hatte nur ein suspensives Vetorecht gegenüber Gesetzesbeschlüssen des Landtags. Er blieb bis zu seiner Abschaffung wirkungslos.

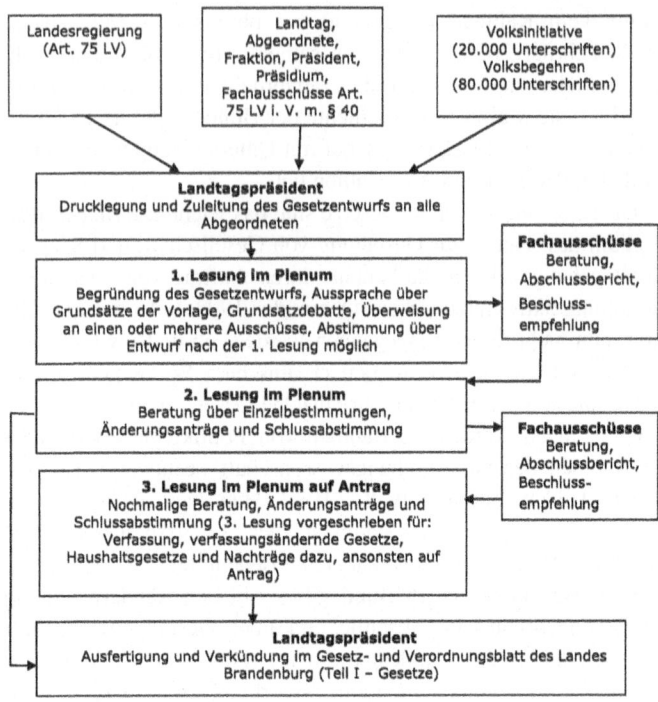

Abb. 6.1 Gesetzgebungsverfahren in Brandenburg (Stand 2010). (Quelle: nach Landtag Brandenburg 2010, S. 176)

(Beyme 1999, S. 282; Reutter 2008, S. 231; Oberreuter 1992a). Dies betrifft alle Stationen in landesparlamentarischen Gesetzgebungsprozessen. Stets können Landesregierungen, Fraktionen und das Volk Gesetzentwürfe in das Landesparlament einbringen. In einigen Landesparlamenten können dies darüber hinaus auch einzelne Abgeordnete (z. B. BW, SL); in Brandenburg kann dies sogar der Präsident, das Präsidium oder können dies Fachausschüsse (Abb. 6.1). In manchen Landesparlamenten kann ein Gesetzentwurf in der ersten Lesung abgelehnt werden (z. B. in BB und NW), in anderen ist die Überweisung an einen Ausschuss zwingend (NI, ST). Ausschüsse können öffentlich oder nichtöffentlich tagen. Und schließlich kann in den meisten

Landesparlamenten über einen Entwurf in zweiter Lesung abschließend entschieden werden. Eine dritte Lesung erfolgt in diesen Fällen nur auf Antrag (z. B. BB) oder bei verfassungsändernden Gesetzen und Haushaltsgesetzen. Ausgefertigt und verkündet werden die Gesetze meist von den Ministerpräsidenten, in fünf Ländern (BE, BB, NI, SN, TH) ist diese Aufgabe dem Landtagspräsidenten übertragen, in Bremen und Hamburg dem Senat. (Bisweilen müssen beteiligte Minister oder Ministerpräsidenten gegenzeichnen.)

Die These, Landesparlamente würden kontinuierlich Macht und Einfluss verlieren, stützt sich vor allem auf die Vermutung, dass Anzahl und Qualität der Gesetze rückläufig wären. In dieser Perspektive verabschieden Landesparlamente weniger und nur noch unwichtige Gesetze. Die Frage, was ein „zufriedenstellende[r] Output an Gesetzen ist" (Beyme 1999, S. 282), lässt sich jedoch kaum beantworten. Immerhin lässt sich konstatieren, dass der Hessische Landtag zwischen 1946 und 2009 durchschnittlich 101 Gesetze pro Jahr verabschiedet hat, in Thüringen waren es zwischen 1990 und 2009 durchschnittlich 147, also fast 50 % mehr. Auch ist die Anzahl der verabschiedeten Gesetze im Zeitablauf keineswegs kontinuierlich gesunken. Ab Anfang der 1990er Jahre lässt sich sogar von einer „legislativen Renaissance" sprechen, weil nach der deutschen Vereinigung in den neuen Ländern besonders viele Gesetze beschlossen wurden und auch in den alten ein Anstieg der zu verabschiedenden Gesetze zu verzeichnen war (Reutter 2008, S. 238–249). Ebenso wenig findet die Vermutung, in den Ländern würden allenfalls noch Ausführungs- und Anpassungsgesetze verabschiedet, in den einschlägigen Untersuchungen eine belastbare Bestätigung. Reus und Vogel (2018, S. 640) zeigen darüber hinaus, dass die Föderalismusreform I, bei der eine Reihe von Gesetzgebungskompetenzen an die Länder übertragen wurde, zu „substantieller Policy-Vielfalt" geführt habe. Sie meinen damit, dass in den von ihnen untersuchten 15 Politikfeldern die Länder unterschiedliche Regelungen getroffen haben. Töller und Roßegger (2018) kommen in ihrer Untersuchung zur Abweichungsgesetzgebung zu ähnlichen Befunden. Kurzum: Landesparlamente nehmen weiterhin legislative Aufgaben wahr.

Parlamentarische Kontrolle: Grundsätzlich sollte ein Parlament den Gebrauch staatlicher Macht durch Regierung und Verwaltung überwachen können. Darin liegt die demokratische Qualität parlamentarischer Kontrolle. Denn nur, wenn diese effektiv funktioniert, können Wählerinnen und Wähler eine informierte Entscheidung treffen (Möllers 2008; Holtmann 2007, Reutter 2008, S. 256–292). Dementsprechend wichtig nehmen die Landesparlamente diese Aufgabe. Allerdings: Es ist schon nicht ganz klar, wer in parlamentarischen Regierungssystemen wen „und mit welchem Effekt" kontrolliert (Holtmann et al. 2004). Kontrolliert das Parlament die Regierung oder die Regierung das Parlament? Und wie schon bei der Gesetzgebung fallen auch hier die Antworten in den einschlägigen politikwissenschaftlichen Untersuchungen unterschiedlich aus. Sie hängen im Wesentlichen davon ab, wie Kontrolle verstanden wird. Begrifflich bestehen dafür zwei Möglichkeiten. Zum einen: Üblicherweise beschränkt sich der Kontrollbegriff auf das nachträgliche Überprüfen von Regierungshandeln und Verwaltungstätigkeit. Diese Aufgabe wird gemeinhin der Opposition zugewiesen, die dafür die entsprechenden Instrumente einsetzt. Sie verschafft sich durch kleine, große und schriftliche Anfragen sowie in Fragestunden die notwendigen Informationen oder setzt Untersuchungsausschüsse und Enquetekommissionen ein. Sie versucht zudem, in Plenardebatten oder Aktuellen Stunden Probleme und Defizite der amtierenden Regierung öffentlich zu thematisieren. Dies geschieht in den Landesparlamenten unterschiedlich häufig und nicht selten mit unklarem Erfolg. Gleichwohl weist die langfristige Entwicklung auf einen häufigeren Einsatz der erwähnten Kontrollmittel hin. Ob und inwieweit solche Kontrollaktivitäten die Opposition ihrem Ziel näherbringt, die Regierung abzulösen, lässt sich bestenfalls für spektakuläre Einzelfälle behaupten, aber ansonsten nur schwer belegen. Hinzu kommt ein unauflösliches Dilemma für die Opposition. Denn sie trägt durch ihre Kritik dazu bei, Regierungs- und Verwaltungshandeln zu verbessern. Zum anderen: Für die zweite Form der Kontrolle hat sich der Begriff der „parlamentarischen Mitsteuerung" etabliert (Schwarzmeier 2001). Diese besteht darin, dass die Parlamentsmehrheit meist informell an der Regierungstätigkeit beteiligt ist.

Karin Algasinger, Jürgen von Oertzen und Helmar Schöne (2004) stellten in ihrer Untersuchung fest, dass der Sächsische Landtag seiner Aufgabe, die Regierung zu kontrollieren, „voll und ganz gerecht" wurde. Wer der Ansicht sei, das Parlament könne die Regierung nicht kontrollieren oder gar meine, die Regierung beherrsche das Parlament, der irre sich (Algasinger et al. 2004, S. 146).

Öffentlichkeitsfunktion: Öffentlichkeit ist elementarer Bestandteil demokratischer Politik. Für manche Theoretiker geht der Parlamentarismus sogar in der öffentlichen Debatte auf (Habermas 1993; Schmitt 1988). Folgerichtig gilt dieses Prinzip auch für Landesparlamente. Verfassungsrechtlich ist ohnehin vorgegeben, dass Landesparlamente grundsätzlich öffentlich verhandeln (z. B. Art. 33 BWVerf oder Art. 22 BayVerf). Die Kommunikations- oder Öffentlichkeitsfunktion ist also wesentliche Aufgabe. Dahinter steht die – etwas weltfremd anmutende – Überlegung, dass die Abgeordneten in der parlamentarischen Debatte, durch öffentliches Verhandeln, durch Argument und Gegenargument ihren Willen bilden und zu einer sachgerechten Entscheidung kommen. Umgesetzt wird dieses Prinzip dadurch, dass Plenardebatten öffentlich sind, dass sie protokolliert werden und die Protokolle für alle einsehbar sind. Wichtiger noch: Das parlamentarische Transparenzgebot wird dadurch ergänzt, dass Medien frei über das Plenargeschehen berichten können.

Die parlamentarische Praxis ist weit entfernt von den skizzierten theoretischen Überlegungen zum Transparenzgebot. Der parlamentarische Gesamtwille, also die parlamentarische Entscheidung, bildet sich bestenfalls ausnahmsweise allein auf Grundlage des in einer Plenardebatte erzeugten „zwanglosen Zwang des besseren Argumentes", wie Jürgen Habermas (1991, S. 123) in einem anderen Zusammenhang einmal formuliert hat. Plenardebatten seien vielmehr, so die Kritik, nichts anderes als eine Ansammlung von Fensterreden. Zudem seien die Themen nur selten für die außerparlamentarische Öffentlichkeit von Interesse. Uwe Jun (1993, S. 502) kommt daher zu dem ernüchternden Ergebnis, dass die Kommunikationsfunktion von Landesparlamenten „faktisch nur unzureichend wahrgenommen wird." Hinzu kommt, dass die Arbeit der Landesparlamente sich einer massenmedialen Vermittlung weitgehend entzieht. Die Funktionslogik von Massenmedien macht es nahezu unmöglich, ein realistisches Bild von parlamentarischen Abläufen und Verfahren zu zeichnen (Oberreuter 1996; Marschall 1999). Darin mag auch der Grund dafür liegen, dass Kenntnisse über die Funktionsprinzipien parlamentarischer Regierungssysteme unter den Bürgern nicht sehr verbreitet scheinen (Patzelt 1998a, b).

6.3 Landesregierungen und Landesverwaltungen: die exekutive Gewalt

In einigen Landesverfassungen werden Landesregierungen als das „oberste Organ der vollziehenden Gewalt" bezeichnet (so z. B. in Art. 64 Abs. 1 LSA Verf). In dieser Perspektive obliegt es den Landesregierungen, die vom Parlament verabschiedeten Gesetze auszuführen. In der Verfassungswirklichkeit ist der Aufgabenbereich von Landesregierungen aber umfassender. Er besteht ganz allgemein darin, die politischen Gemeinwesen der Länder zu lenken und zu leiten (Schniewind 2008b, S. 111). Oder wie es auf der Homepage der Landesregierung von Baden-Württemberg heißt: „Die Regierung lenkt die Geschicke des Landes" (https://www.baden-wuerttemberg.de/de/regierung/landesregierung/). Das ist eine ebenso anspruchsvolle wie komplexe Aufgabe, die Landesregierungen mal mehr, mal weniger erfolgreich gelöst haben (Jesse et al. 2014, S. 93–136; Anter und Frick 2016; Leunig 2017; Glaab und Weigl 2013). In diesem Kapitel werden zuerst die verfassungsrechtlichen Grundlagen und dann zentrale Aufgabenbereiche von Landesregierungen dargestellt.

6.3.1 Aufbau und Arbeitsweise

Landesregierungen, die in Berlin, Hamburg und Bremen „Senat" sowie in Bayern, Sachsen und Thüringen „Staatsregierung" heißen, sind eigenständige Verfassungsorgane. Ihre Zusammensetzung und Kompetenzen sind in der Verfassung geregelt und sie haben das Recht, vereinzelt sogar die Pflicht, sich eine

Geschäftsordnung zu geben (z. B. Art. 53 BayVerf). In Verbindung mit den verfassungsrechtlichen Bestimmungen legt die Geschäftsordnung fest, wie die Regierung funktioniert und wie sie die Regierungsgeschäfte zu erledigen hat. Gleichzeitig sind Landesregierungen abhängig vom Parlament. Sie sind Teil parlamentarischer Regierungssysteme, die sich formal dadurch auszeichnen, dass der Regierungschef vom Parlament abgewählt werden kann (Steffani 1979). Dahinter steht ein spezifisches Verständnis der Gewaltengliederung. Regierung und Parlament sind in parlamentarischen Regierungssystemen zwar eigenständige Verfassungsorgane. Funktional sind sie aber aufeinander angewiesen. Für die Regierung heißt dies, dass der Regierungschef – wie oben dargestellt – vom Parlament zu wählen ist, zumindest ist er wie die gesamte Regierung vom Vertrauen einer Parlamentsmehrheit abhängig (Leunig 2012, S. 158–166; Reutter 2008, S. 194–199). Für diesen Zusammenhang hat sich der Begriff des „neuen Dualismus" etabliert. Während im „alten Dualismus" sich Parlament und Regierung als Institutionen gegenüberstehen, bilden im „neuen Dualismus" Regierung und parlamentarische Regierungsmehrheit eine Funktionseinheit. Landesregierungen sind aber keine bloßen Ausschüsse des Parlamentes. Vielmehr verfügen sie verfassungsrechtlich über einen „Kernbereich exekutiver Eigenverantwortung". Dieser erfasst die Prozesse der Willensbildung der Regierung, die einer parlamentarischen Kontrolle grundsätzlich entzogen sind.

Soweit die Theorie. In der Regierungspraxis existieren vielfältige Variationen und Abweichungen von den genannten Prinzipien. Dies fängt beim Prozess der Regierungsbildung an. Wer einer Landesregierung angehört, bestimmt sich über die Landesverfassung. Meist besteht eine Landesregierung aus dem Regierungschef und den Ministern. In Bayern sind auch Staatssekretäre Teil des Kabinetts. Der Berliner Senat besteht aus dem Regierenden Bürgermeister sowie höchstens acht Senatoren (Art. 55 Abs. 2 BlnVerf). Die Regierung in Baden-Württemberg umfasst deutlich mehr Personen. Im Einzelnen sind es die Minister, die Staatssekretäre, der Chef der Staatskanzlei sowie der Beauftragte des Landes beim Bund. Das sind aktuell 23 Personen (Stand: Dezember 2019).

Grundsätzlich kann jeder, der über das passive Wahlrecht verfügt, ein Regierungsamt bekleiden (Leunig 2012, S. 159). D. h. er oder sie darf in den letzten fünf Jahren zu keiner Freiheitsstrafe von mehr als einem Jahr verurteilt worden sein, ihm oder ihr darf das Wahlrecht nicht entzogen worden sein, er oder sie darf nicht unter gesetzlicher Betreuung stehen und muss mindestens 18 Jahre alt sein. Außerdem gelten in manchen Ländern Mindestaltersgrenzen. So kann in Baden-Württemberg zum Ministerpräsidenten nur gewählt werden, wer das „35. Lebensjahr vollendet" hat (Art. 46 Abs. 1 BWVerf), in Bayern ist es sogar das 40. Lebensjahr (Art. 44 BayVerf). Hinzu kommen Unvereinbarkeiten (Leunig 2012, S. 159), die in Bremen und Hamburg dazu führen, dass Mitglieder des Senats nicht gleichzeitig der Bürgerschaft angehören dürfen (Art. 108 BremVerf; Art. 39 HmbVerf). Ihre Mandate ruhen, solange sie regieren. Doch ansonsten können Regierungschefs und Regierungsmitglieder in allen Ländern dem jeweiligen Parlament angehören. Leunig geht dabei davon aus, dass die gleichzeitige Mitgliedschaft in Parlament und Regierung aus einem doppelten Grunde vorgesehen ist. Zum einen entspreche sie der Funktionslogik parlamentarischer Regierungssysteme und unterstütze die Verbindung zwischen Regierung und Regierungsmehrheit; zum anderen diene sie der Absicherung und damit der Unabhängigkeit von Regierungsmitgliedern (Leunig 2012, S. 159 f.). Insgesamt sprechen die empirischen Befunde nur teilweise für diese Vermutungen. So gehörten in NRW zwischen 1947 und 2017 rund drei von vier Regierungsmitgliedern auch dem Landtag an; im Saarland lag der Anteil seit der 4. Wahlperiode (1961/1965) allerdings stets deutlich unter 60 % (Reutter 2012, S. 485, 2013b, S. 55).

Abgesehen vom Senat in Bremen, funktionieren Landesregierungen nach drei Prinzipien: dem Ministerpräsidentenprinzip (das auch für die Senate in Hamburg und Berlin gilt), dem Kabinettsprinzip und dem Ressortprinzip. Außer in Bremen kommt in allen Ländern dem Regierungschef eine herausgehobene Stellung zu (nur in Bremen ist er lediglich Erster unter Gleichen). Er oder sie verfügt über eine parlamentarische Legitimation, besitzt – außer in Bremen – die Richtlinienkompetenz, kann Minister ernennen und entlassen. Zur Illustration sei der Fall Brandenburg angeführt (Anter und Frick 2016, S. 106–109). Die herausgehobene Stellung des Ministerpräsidenten in der Landesregierung von Brandenburg findet in der Geschäftsordnung adäquaten Ausdruck: Der Ministerpräsident dieses Landes bestimmt nach dieser Geschäftsordnung und in Verbindung mit der Verfassung die „Richtlinien der Regierungspolitik", er leitet die „Geschäfte der Landesregierung", ist „frühzeitig und fortlaufend" über alle relevanten Maßnahmen zu unterrichten, bestimmt die Geschäftsbereiche der Ministerien, ernennt und entlässt die Minister und gibt bei Abstimmungen im Kabinett bei Stimmengleichheit den Ausschlag. Die Liste ließe sich leicht verlängern. Neben diesen rechtlichen Instrumenten verfügen Ministerpräsidenten auch über diverse politische Machtmittel: Sie besitzen öffentliches Prestige als „Landesvater" oder „Landesmutter", führen meist die Landesparteien und vertreten das Land nach außen. Zu ihrer Unterstützung haben alle Regierungschefs der Länder eine sogenannte „Staatskanzlei" eingerichtet, die in den Stadtstaaten „Senatskanzlei" heißt und in Baden-Württemberg „Staatsministerium". Nur in der Bayerischen Landesverfassung (Art. 52) ist eine Staatskanzlei erwähnt. Doch ist sie überall, wie Anter und Frick (2016, S. 108) zu Recht für Brandenburg betonen: die „Schaltzentrale der Macht". In ihr laufen die Informationsströme zusammen, sie bereitet die Kabinettssitzungen vor und koordiniert und lenkt die Regierungsarbeit. Dies verweist schon darauf, dass in den Ländern Regieren vor allem als Koordinations- und Kommunikationsaufgabe zu verstehen ist.

Ministerpräsidenten, die von Konrad Adenauer (CDU), dem ersten Bundeskanzler der Bundesrepublik Deutschland, einmal als „Zaunkönige" verspottet wurden (Anter und Frick 2016, S. 105), können gleichwohl nicht einfach „durchregieren". Zum einen verfügen nur vier Regierungschefs über das Recht, die Geschäftsbereiche der Minister bzw. Senatoren festzulegen. In den anderen Fällen wird die Geschäftsverteilung der Landesregierung erst im Kabinett beschlossen (Leunig 2012, S. 160 f.). Gleichzeitig müssen in den meisten Ländern die Parlamente entweder der Ernennung einzelner Regierungsmitglieder oder der gesamten Landesregierung ihre Zustimmung erteilen. Zum anderen müssen Regierungschefs gegebenenfalls Koalitionsabsprachen ebenso berücksichtigen wie Vertretungsansprüche von Landesregionen und parteiinternen Gruppierungen. So musste Erwin Teufel (CDU), ein zu seiner Zeit beliebter Ministerpräsident in Baden-Württemberg, bei seiner Wahl 1996 völlig überraschend in einen zweiten Wahlgang, weil er bei der Besetzung des Kabinetts „offenbar einige CDU-Abgeordnete enttäuscht hatte" (Obrecht und Haas 2012, S. 89).

Es versteht sich, dass Regierungschefs die Aufgabe des Leitens und Lenkens nicht alleine erfüllen. Denn neben dem Ministerpräsidentenprinzip existieren in den Ländern das Kabinetts- und das Ressortprinzip. Das erste besagt, dass die Landesregierung ein Kollegialorgan ist und nur gemeinsam agieren kann. Die Verfassung von Niedersachsen listet eine ganze Reihe von Bereichen auf, in denen die Landesregierung beschließt (Art. 37 Abs. 2 NdsVerf). Danach werden Gesetzesvorhaben vom Kabinett ebenso mit Mehrheit beschlossen wie die Abgrenzung der Geschäftsbereiche und alle anderen der Landesregierung gesetzlich übertragenen Aufgaben (einschl. der Bestellung der Bundesratsvertreter). Jeder Regierungschef und jeder Minister benötigt für seine Politik eine Mehrheit im Kabinett. Gleichzeitig leiten die Minister ihre Ressorts eigenständig. Sie besitzen die Personal-, Haushalts- und Organisationshoheit und sind berechtigt – im Rahmen der Richtlinien – ihren Politikbereich jeweils eigenständig zu gestalten.

6.3.2 Aufgaben: Lenken und Leiten

Für Wilhelm Hennis (1968, S. 118) waren Länder nichts weiter als „autonom[e] Verwaltungsprovinzen", weil sie ausschließlich oder doch zumindest ganz überwiegend nur die Gesetze des Bundes ausführen würden. Landesregierungen sind in dieser Perspektive nichts anderes als „Verwaltungsexekutoren" (Hennis 1968, S. 118 f.) oder „Oberbürgermeistereien" (Eschenburg 1964, S. 226). Klaus-Eckart Gebauer (2006) sieht dies rund vier Jahrzehnte später anders. Nach Gebauer nehmen Landesregierungen ihren umfassenden Gestaltungsauftrag sowohl in den Ländern als auch im Bund und in der Europäischen Union wahr. Sie nehmen regelmäßig an Fachminister- oder Ministerpräsidentenkonferenzen teil, üben in ihren Parteien wichtige Funktionen aus, wirken im Bundesrat mit oder sind „gesuchte Gesprächspartner" (Gebauer 2006, S. 131). Auch die Anzahl der Politikbereiche, in denen Landesregierungen lenken und leiten ist durchaus beachtlich: Hildebrandt und Wolf (2016b) führen allein 15 Politikfelder auf, die auf Landesebene gestaltet werden. Sie reichen von der Schulpolitik über die Landwirtschafts- und Verkehrspolitik bis hin zur Europa- und Integrationspolitik. Der Erfolg von Landesregierungen auf diesen Feldern hängt von vielen Faktoren ab: vom Regierungsformat (Einparteien- oder Koalitionsregierung), von der Mehrheit im Parlament (Minderheits- vs. Mehrheitsregierung), vom Koalitionsvertrag, von der Politik der Bundesregierung, den Entwicklungen der Europäischen Union und von anderen, nicht vorhersehbaren Ereignissen. Die Landesregierungen treten dabei in drei Rollen auf (Leunig 2012, S. 166–168, 2017; Gebauer 2006): als Gestalterin von Politik, als Vollzieherin von Gesetzen und als Leiterin der Landesverwaltungen. Hinzu kommt noch die Vertretung des Landes nach außen (Bund, Europa, Ausland), auf die weiter unten eingegangen wird (Abschn. 7.2).

Politikgestaltung: Für die zielorientierte Gestaltung der Gesellschaft hat jede Landesregierung ein demokratisches Mandat erhalten. In Wahlkämpfen treten die Parteien mit ihren unterschiedlichen Programmen an, die sie versuchen, in effektive Politik zu übersetzen, wenn sie an der Regierung beteiligt sind. Sie sind also nicht nur „ausführende" oder „vollziehende" Gewalt, wie es in manchen Landesverfassungen steht (z. B. Art. 28 Abs. 1 NdsVerf, Art. 59 Abs. 1 SächsVerf), sondern auch „gestaltende Gewalt." Das ist nicht nur Ausfluss ihres demokratischen Mandats, sondern sie verfügen auch über die entsprechenden Instrumente. Denn sie können Gesetzentwürfe in Landesparlamente einbringen, Regierungsprogramme entwerfen und die Haushalte der Länder aufstellen. Mit diesen Instrumenten können sie auf Probleme reagieren und versuchen, Gesellschaft zu gestalten. Da Landesregierungen in der Regel sich auf eine Mehrheit im Parlament stützen können, lassen sich die in der Regierung beschlossenen Programme und Maßnahmen in der

Regel auch umsetzen. Schwierig wird es vor allem bei einer Minderheitsregierung. Unter einer solchen Konstellation wird eine Regierung von einer Partei entweder toleriert (d. h. diese Partei unterstützt die Regierung bei einzelnen Gesetzesvorhaben, ohne in der Regierung durch Minister vertreten zu sein) oder die Regierung muss sich für einzelne Maßnahmen jeweils gesondert Unterstützung suchen (vgl. Leunig 2017).

Allerdings bestehen drei Schranken für Landesregierungen: Erstens sind die Länder in die in Kap. 2 beschriebene bundesstaatliche Struktur eingebettet. Daraus folgt, dass sie nur in verfassungsrechtlich definierten Bereichen ihrem Gestaltungsauftrag nachkommen können. Auf anderen, wichtigen Politikfeldern besitzt der Bund die Gesetzgebungs- und Gestaltungskompetenz (wie z. B. in der Sozialpolitik). Zweitens, die Länder haben kaum eigene Einnahmequellen und können nur zu einem geringen Anteil über die Mittel verfügen, die ihnen vom Bund oder im Rahmen des Länderfinanzausgleiches zugewiesen werden. Die meisten Ausgaben sind gesetzlich vorbestimmt. Schätzungen gehen davon aus, dass gerade einmal zwischen 5 und 15 % der in einem Haushaltsjahr zur Verfügung stehenden Mittel frei verfügbar sind (Reutter 2008, S. 290). Drittens, Landesregierungen müssen auf Koalitionsabsprachen und innerparteiliche Mehrheitsverhältnisse Rücksicht nehmen. Dies erfordert ein intensives und nicht selten kleinteiliges Koalitions- und Konfliktmanagement, das in den Kabinetten, durch die Staatskanzleien und in sogenannten „Koalitionsausschüssen" erfolgt. Manche sehen auch in letzteren das eigentliche „Machtzentrum" einer Koalitionsregierung (Leunig 2017, S. 127).

Gesetzesvollzug: Wie erwähnt, Landesregierungen müssen die Gesetze ausführen, die das Parlament beschließt. Im Regelfall ergibt sich daraus kein Konfliktpotenzial, da in parlamentarischen Regierungssystemen eine Mehrheit der Abgeordneten die Regierung stützt, die ohnehin die meisten Gesetze in die Landesparlamente einbringt. Problematisch kann dies werden bei einer Minderheitsregierung (Leunig 2017) oder wenn die Parlamentsmehrheit eine andere parteipolitische Ausrichtung aufweist als die Regierung. Eine solche Konstellation trat 2008/2009 in Hessen ein. In der Landtagswahl vom 7. Januar 2008 hatte die von Roland Koch (CDU) geführte Landesregierung ihre Mehrheit verloren. Da die von Andrea Ypsilanti (SPD) geplante rot-grüne Minderheitsregierung, die von der PDS hätte toleriert werden sollen, keine Mehrheit im Parlament erhielt (4 SPD-Abgeordnete verweigerten Ypsilanti ihre Stimme), blieben Roland Koch und seine Landesregierung geschäftsführend im Amt. Damit stand eine aus SPD, Grüne und Linkspartei bestehende Parlamentsmehrheit gegen die von der CDU geführte Landesregierung. Das konnte nicht gutgehen. Im November 2008 wurde der Hessische Landtag daher aufgelöst, und am 18. Januar 2009 wurden Neuwahlen durchgeführt.

Verwaltungsspitze: Landesregierungen sind schließlich die Spitze der Landesverwaltungen (Leunig 2017, S. 129; Jesse et al. 2014, S. 187–208). Landesverwaltungen führen Bundes- und Landesgesetze aus (teilweise ist diese Aufgabe auch der kommunalen Selbstverwaltung übertragen; Holtmann et al. 2017). Die Länder führen also dreierlei Arten von Gesetzen aus:

- *Landesgesetze* werden in eigener Regie und nach selbst erlassenen Regeln vollzogen. Hier gelten lediglich die allgemeinen rechtlichen Rahmenbedingungen (wie Grundrechte, Rechtsstaatsprinzipien etc.).
- *Bundesgesetze als eigene Angelegenheit* (Art.84 GG): Bei solchen Gesetzen erlässt der Bund eine Regelung (z. B. zur Sozialhilfe), die die Länder dann verwaltungstechnisch umsetzen müssen. Sie können das ggfs. der kommunalen Selbstverwaltung übertragen oder durch Behörden des Landes ausführen lassen. Jedenfalls regeln sie die „Einrichtung von Behörden und das Verwaltungsverfahren" (Art. 84 Abs. 2 GG) bei diesen Gesetzen in eigener Regie. Die Bundesregierung darf hier nur Rechtsaufsicht ausüben (Art. 84 Abs. 3 GG).
- *Bundesgesetze im Auftrag des Bundes* (Art. 85 GG). Solche Gesetze werden von den Ländern im Auftrage des Bundes ausgeführt (z. B. Erzeugung und Nutzung der Kernenergie nach Art. 87c GG). Hier bleibt die Einrichtung der notwendigen Behörden Sache der Länder, allerdings kann die Bundesregierung Verwaltungsvorschriften erlassen. Zudem erstreckt sich die Aufsicht des Bundes nicht nur auf die Rechtmäßigkeit, sondern auch auf die Zweckmäßigkeit der Ausführung.

Vor diesem Hintergrund wundert es kaum, dass 2018 rund 50 % der Beschäftigten im öffentlichen Dienst in den Ländern arbeiteten und nur rund 10 % beim Bund beschäftigt waren (der Rest arbeitete in der Kommunalverwaltung [31 %] oder bei den Sozialversicherungsträgern [9 %]) (https://www.bmi.bund.de/DE/themen/oeffentlicher-dienst/zahlen-daten-fakten/zahlen-daten-fakten-node.html).

Die Landesverwaltungen sind unterschiedlich aufgebaut. Verallgemeinerungen sind schon aufgrund der Größendifferenzen der Länder schwierig. Die Stadtstaaten weichen von den Flächenländern ab, und die großen Flächenländer von den kleinen. In den Stadtstaaten Berlin, Hamburg und Bremen erfüllen Landesregierungen und Bezirksverwaltungen die Verwaltungsaufgaben. In den großen Flächenländern lassen sich drei Ebenen unterscheiden, die zur unmittelbaren Landesverwaltung gehören (Bogumil und Jann 2009, S. 100 f.; Jesse et al. 2014, S. 187–208). An der Spitze stehen die sogenannten obersten Landesbehörden und Landesoberbehörden. In Sachsen gehören zu ersteren die Staatsregierung, der Ministerpräsident sowie die Fachministerien. Diese richten die Landesbehörden ein (Art. 83 SächsVerf) und „leiten" und „beaufsichtigen" diese (Jesse et al. 2014, S. 199). Zu letzteren gehören beispielsweise das Statistische Landesamt, das Landesamt für Verfassungsschutz oder das Landeskriminalamt. Unterhalb dieser verwaltungsorganisatorischen Spitze existieren die sogenannten allgemeinen Landesmittelbehörden. In Sachsen heißt diese Ebene Landesdirektion. In anderen Ländern sind dies Regierungspräsidien oder Bezirksregierungen. Zu dieser mittleren Ebene gehören auch Fachbehörden wie die Oberfinanzdirektion. Diese Behörden unterstehen direkt den Ministerien und haben „insbesondere Bündelungs-, Koordinierungs- […] und Kontrollfunktion" (Bogumil und Jann 2009, S. 100). Diese mittlere Verwaltungsebene existierte 2009 noch in sieben großen Flächenländern (Bogumil und Jann 2009, S. 101). Auf der untersten Ebene finden sich Sonderverwaltungen wie Finanz- oder Forstämter sowie Behörden der allgemeinen Landesverwaltung wie Landratsämter und Kreisverwaltungen. Kleinere Flächenländer wie das Saarland verzichten dabei auf Landesmittelbehörden.

6.4 Landesverfassungsgerichte: die judikative Gewalt

Der Bund verfügt über fünf oberste Gerichtshöfe, zwei weitere Bundesgerichte und das Bundesverfassungsgericht (Art. 94–96 GG). Alle anderen der insgesamt 1086 Gerichte, die 2018 in der Bundesrepublik Deutschland bestanden, werden von den Ländern eingerichtet und unterhalten. Alle Landesverfassungen enthalten denn auch Regelungen zur Rechtspflege, zur Wahl und Berufung der Richter, zur Richteranklage und zu Verfassungsgerichten. Dieser föderale Aufbau des Rechtsstaates ist folgenreich. Denn offenbar urteilen Gerichte regional unterschiedlich (Grundies 2018). Auf diese Dimension der judikativen Gewalt kann allerdings nicht eingegangen werden. Die weitere Darstellung beschränkt sich auf die obersten Gerichte in den Ländern: die Verfassungsgerichte. Alle Länder besitzen ein Verfassungsgericht (Tab. 6.2), die in acht Ländern Verfassungsgerichtshof, in drei Staatsgerichtshof und in fünf Landesverfassungsgericht heißen. (Der ehemalige Staatsgerichtshof Baden-Württembergs wurde 2015 in Verfassungsgerichtshof umbenannt.) Es sind wie Landesparlamente und Landesregierungen Verfassungsorgane. Ihre Zusammensetzung, ihre Kompetenzen und ihre Errichtung sind in der jeweiligen Landesverfassung geregelt. Alle Länder haben auch entsprechende Ausführungsgesetze erlassen mit Bestimmungen: zur Amtszeit der Richter, zu Wahlverfahren, zur Zusammensetzung, zur Qualifikation der Richter, zur Stellung und zur Organisation des Gerichtes sowie zu dessen Kompetenzen. Und ebenso haben sich alle Landesverfassungsgerichte eine Geschäftsordnung gegeben, um interne Verfahrensabläufe zu regeln (wie etwa zu verfahren ist, wenn Richter abwesend sind).

Landesverfassungsgerichte verfügen grundsätzlich über das Mandat und haben die Pflicht, die rechtlichen Grundordnungen der Länder verbindlich auszulegen und zu prüfen, ob staatliches Handeln der Verfassung entspricht.[4] Wie das Bundesverfassungsgericht

---

[4] Das Weitere lehnt sich an an Reutter 2017b und 2018a; vgl. auch Reutter 2020a sowie Dombert 2012.

Tab. 6.2 Landesverfassungsgerichte: verfassungsrechtliche Grundlagen, Größe und Ausgaben (Stand: Mai 2016). (Quelle: Reutter 2020a, S. 160)

	Konstituierung	Sitz	Artikel in LV	Anzahl Richter	[a]Stellen	[a]Ausgaben
BW	1955	Stuttgart	68	9	2	378.000
BY[b]	1947	München	60–69	38	(3)	k. A.
BE	1992	Berlin	84	9	6	695.700
BB	1993	Potsdam	112–114	9	6	843.700
HB	1949	Bremen	139–140	7	0	46.000
HH	1953	Hamburg	65	9	[c]0	52.000
HE	1948	Wiesbaden	130–133	11	2	691.600
MV	1995	Greifswald	52–54	7	1	196.400
NI	1957	Bückeburg	54–55	9	k. A.	202.000
NRW	1952	Münster	75–76	7	k. A.	58.000
RP[b)]	1947	Koblenz	130–136	9	k. A.	k. A.
SL	1959	Saarbrücken	96–97	8	0	24.500
SN	1993	Leipzig	81	9	0	193.600
ST	1993	Dessau-Roßlau	74–76	7	k. A.	354.200
SH	2008	Schleswig	44	7	0	47.000
TH	1995	Weimar	79–80	9	4	389.600

[a]alle im Haushalts- oder Stellenplan für das Jahr 2016 ausgewiesenen Mittel bzw. Stellen (Beamte, Angestellte und Arbeiter); ohne Richter
[b]in Bayern und Rheinland-Pfalz sind die Verfassungsgerichtshöfe im Haushaltplan des Justizministeriums etatisiert als Teil der Verwaltungsgerichtsbarkeit bzw. beim Oberlandesgericht München
[c]im Doppelhaushalt der Hansestadt sind keine Stellen ausgewiesen, auf der Homepage des Staatsgerichtshofes sind allerdings drei wissenschaftliche Mitarbeiter aufgeführt

entscheiden die Landesverfassungsgerichte damit über Streitigkeiten, „bei denen über politisches Recht gestritten und das Politische selbst anhand der bestehenden Normen zum Gegenstand der richterlichen Beurteilung wird" (Statusbericht 1957, S. 145). Diese grundsätzliche Charakterisierung der Landesverfassungsgerichtsbarkeit ist unstrittig. Unklar ist jedoch, ob und wie effektiv Landesverfassungsgerichte den skizzierten Auftrag erfüllen. Ob sie also in der Lage sind, der Verfassung effektiv Geltung zu verschaffen. Dieser Frage wird in zwei Schritten nachgegangen: Zuerst werden Wahlverfahren und Zusammensetzung der Richterschaft sowie die Arbeitsweise der Landesverfassungsgerichte untersucht (Abschn. 6.4.1). Abschließend werden die Kompetenzbereiche skizziert (Abschn. 6.4.2).

6.4.1 Aufbau und Arbeitsweise

In Rheinland-Pfalz und Bremen gehört der Präsident des jeweiligen Oberverwaltungsgerichtes gleichzeitig den Verfassungsgerichten dieser beiden Bundesländer an (Glaab 2017, S. 275; Ketelhut 2017). Ansonsten müssen seit 2017 die Richter aller Verfassungsgerichte in demokratischen Wahlverfahren legitimiert werden. Da die Parlamente in den Ländern die einzigen vom Souverän gewählten Institutionen sind, kann eine solche Legitimation nur dort stattfinden. Die parlamentarische Wahl wirft jedoch ein Problem auf. Denn Richter sollen unabhängig sein. Urteile ergehen zwar im „Namen des Volkes", aber nicht in dessen Auftrag und schon gar nicht im Namen oder im Auftrag des Parlamentes.

Die Länder haben – wie könnte es anders sein – Wahl, Zusammensetzung und Amtszeit von Verfassungsrichtern unterschiedlich geregelt. Die tragenden Motive hinter diesen Regelungen waren: die Qualifikation der Richter zu gewährleisten, eine parteipolitische Instrumentalisierung des Gerichtes zu verhindern und deren demokratische Legitimation zu sichern. Unbeschadet der gemeinsamen Motive, die in allen Ländern gelten, finden sich auf allen Stufen der Wahlverfahren beachtliche Unterschiede: Schon die Wählbarkeitskriterien weisen Differenzen auf (Tab. 6.3). In vier Ländern gilt ein Mindestalter von 40 Jahren, in elf von 35 Jahren. In zehn Ländern existiert ein Höchstalter von 65, 68 oder 70 Jahren. Ebenso variantenreich ist das Recht ausgestaltet, dem Parlament Richter zur Wahl vorzuschlagen: Das können Landesregierung, Fraktionen, Ausschüsse, einzelne Abgeordnete, Präsidium bzw. Ältestenrat oder Gerichte machen. Schließlich ist in sieben

Tab. 6.3 Wählbarkeit, Anzahl, Zusammensetzung und Amtszeiten der Verfassungsrichter in den Bundesländern. (Quelle: Reutter 2020b, S. 206 und 220)

	Mindestalter	Höchstalter[a]	Wählbarkeit Parlament	Anzahl Berufsrichter	Anzahl Laienrichter[b]	Geschlechterquote[c]	Amtszeit[d]	Wiederwahl[e]
BW	–	–/–		3	3	0	9	Ja
BY[b]	40	–/(65)	Landtag	23	0	0	8/LP	Ja
BE	35	–/–	Bundestag	3	(3)	3	7	Nein
BB	35	68/68	Bundestag	3	(3)	(3)	10	Nein
HB	35	–/(65)	Bundestag	3	(4)	0	LP	Ja
HH	40	–/(65)	Bürgerschaft	4	(3)	0	6	Ja
HE	35	–/(65)	Landtag	5	(6)	0	7/LP	Ja
MV	35	68/68	Landtag	2	(3)	0	12	Nein
NI	35	–/–	Landtag	3	(3)	(3)	7	Ja
NW	35	–/65	Landtag	3	0	0	10	Nein
RP[b]	35	70/65	Landtag	4	(5)	0	6	Ja
SL	35	–/–	Landtag	2	0	(3)	6	Ja
SN	35	70/65	Bundestag	5	(4)	0	9	Ja
ST	40	–/–	Landtag	3	(4)	(3)	7	Ja
SH	40	–/–	Bundestag	3	0	0	6	Ja
TH	35	70/65	Landtag	2	(3)	0	7	Ja

[a]Höchstalter für nichtrichterliche Mitglieder/Höchstalter für Berufsrichter
[b]in () Anzahl der Richter, die über eine Befähigung zum Richteramt verfügen können, aber nicht müssen, also Laienrichter sein könnten
[c]Anzahl der Richterinnen, in () Anzahl der Richterinnen, die einem Verfassungsgericht angehören sollen
[d]Jahre/Legislaturperiode
[e]mehrfache Wiederwahl ist möglich in BW, BY, HB, HH, HE, SL und SN

Landesparlamenten für die Wahl von Verfassungsrichtern eine Mehrheit von zwei Dritteln der gesetzlichen Mitglieder erforderlich; in vier eine Mehrheit von zwei Dritteln der abgegebenen Stimmen, in drei die Mehrheit der gesetzlichen Mitglieder, in einem die relative Mehrheit (meiste Stimmen) und in drei die einfache Mehrheit der abgegebenen Stimmen. Außer in Hessen erfolgt die Wahl der Richter durch das Plenum des Landesparlamentes. Stets findet sie ohne Aussprache und in geheimer Abstimmung statt. Wie Analysen zeigen, verlaufen die Wahlen der Richter meist, aber keineswegs immer problemlos. Hin und wieder scheitern einzelne Kandidaten oder benötigen einen zweiten Wahlgang. Bisweilen werden Wahlen auch verspätet durchgeführt (Weigl 2017, S. 60 f.; Reutter 2017c, S. 81–83).

Die genannten Wählbarkeitsvoraussetzungen werden ergänzt von Bestimmungen über die Zusammensetzung der Richter an Verfassungsgerichten. Grundsätzlich ist zu beachten, dass die Verfassungsrichter in allen Ländern ehrenamtlich tätig sind. Sie sind bei den Gerichten nicht angestellt und beziehen bestenfalls eine Aufwandsentschädigung für das Amt. Sie sind im Hauptberuf entweder Richter an einem Fachgericht, Hochschullehrer des Rechts an einer Universität (oder Fachhochschule), Anwalt oder üben einen anderen nichtjuristischen Beruf aus. Dementsprechend gering waren die Haushaltsetats, die für das Jahr 2016 zwischen 24.500 und 800.000 EUR schwankten.

Ignoriert man Bayern, bestehen die Gerichte aus 7 bis 11 Richtern. In den meisten Verfassungsgerichten können auch Laienrichter mitwirken.[5] Gleichzeitig ist in den meisten Ländern eine Mindestanzahl von Berufsrichtern vorgesehen. Berufsrichter sind hauptamtliche Richter an einem Fachgericht und nebenamtlich am Verfassungsgericht tätig. Damit sollen Verfassungs- und Fachgerichtsbarkeit verbunden werden, und es soll eine möglichst hohe Qualität der Verfassungsrechtsprechung garantiert werden. In fünf Ländern ist zudem eine Geschlechterquote zumindest als „Soll-Bestimmung" vorgesehen. Schließlich sollen in Brandenburg

---

[5]Über die Befähigung zum Richteramt verfügt nach § 5 Deutsches Richtergesetz, wer das zweite juristische Staatsexamen abgeschlossen hat.

die „politischen Kräfte" (Brandenburg) im Landesverfassungsgericht angemessen vertreten sein; in Bremen und Berlin verfügen die Fraktionen über das Vorschlagsrecht bei Wahlen von Verfassungsrichtern. In den Ländern liegt die gesetzliche Amtszeit der Verfassungsrichter zwischen 6 und 12 Jahren; in Bremen, Bayern und Hessen muss am Beginn jeder Legislaturperiode zumindest ein Teil der Richter neu gewählt werden (Weigl 2017, S. 59 f.; Koch-Baumgarten 2017, S. 183–185; Ketelhut 2017, S. 137 f.). Eine Wiederwahl ausgeschlossen ist in vier Ländern, in fünf ist eine einmalige möglich und in sieben können Verfassungsrichter beliebig oft wiedergewählt werden. Der Durchschnittsrichter ist männlich, deutlich über 50 Jahre alt und verfügt über die Befähigung zum Richteramt.

Verfassungsgerichte behandeln politische Streitfragen und ihre Richter werden von politischen Institutionen in politischen Verfahren gewählt. Ihre Arbeitsweise und ihr Status sind aber dezidiert unpolitisch. Denn sie sind nicht nur Verfassungs-, also politische Organe, sondern auch Gerichte und damit politikfreie Institutionen. Sie sollen allein nach Recht und Gesetz ihre Entscheidungen treffen und sind grundsätzlich unabhängig. Allerdings verfügen nur einzelne Landesverfassungsgerichte über einen eigenen organisatorischen Unterbau; die meisten sind anderen Fachgerichten angegliedert, deren Dienste und Personal sie ggfs. in Anspruch nehmen können.

Gefällt werden die Entscheidungen grundsätzlich im Plenum, also in der Vollversammlung aller Richter (auszunehmen ist hier nur der Bayerische Verfassungsgerichtshof mit seinen nach Kompetenzen gegliederten drei Spruchkörpern). Die meisten Entscheidungen werden ohne Anhörung per Beschluss gefällt. Einige Landesverfassungsgerichte verfügen zudem über eine Kammer, die unzulässige oder offensichtlich unbegründete Verfassungsbeschwerden zurückweisen kann.

6.4.2 Aufgaben: Verfassung und Politik

Alle kennen Karlsruhe als Sitz des Bundesverfassungsgerichtes, und jede auch nur mäßig politisch interessierte Person hat schon einmal im Fernsehen gesehen, wie acht in rote Roben gekleidete

6.4 Landesverfassungsgerichte: die judikative Gewalt

Richter einen mit Holz getäfelten Gerichtssaal betreten und ihre Entscheidung verkünden zu hoch politischen Angelegenheiten. Wer aber kennt auch nur den Sitz der Landesverfassungsgerichte, geschweige denn deren Entscheidungen? Dennoch haben auch Landesverfassungsgerichte Einfluss auf Politik, auf Parlament und Regierung. Dieser Einfluss variiert nach Politikbereichen und Bundesland (Reutter 2020c). Schon die unterschiedlichen Fallzahlen lassen Verallgemeinerungen kaum zu. So trifft der Verfassungsgerichtshof in Bayern rund neun Mal so viele Entscheidungen wie sein Pendant in Rheinland-Pfalz. Und der Staatsgerichtshof in Bremen fällte im Durchschnitt rund eine Entscheidung pro Jahr, in Berlin sind es über 170 (Weigl 2017, S. 67; Ketelhut 2017; Glaab 2017; Reutter 2017c, S. 94). Herausarbeiten lassen sich Differenzen zwischen den Verfassungsgerichten aufgrund von Verfahrensarten (a) und den Rollen (b), die Verfassungsgerichte einnehmen können (für das Weitere vgl. Reutter 2018a).

(a) Abstrakte und konkrete Normenkontrollen, Organstreitverfahren, Wahl- und Mandatsprüfungen sowie Konflikte über direktdemokratische Verfahren bilden die wichtigsten Verfahrensarten und damit den Kernbereich der Verfassungsgerichtsbarkeit in den Ländern. Die auch vom Bund bekannte Individualverfassungsbeschwerde, die „jedermann" erheben kann, der sich in seinen Grundrechten verletzt fühlt, kann in elf Ländern und kommunale Verfassungsbeschwerde in 13 Ländern erhoben werden. Andere Kompetenzen (wie Ministeranklagen, Anklagen gegen Abgeordnete, Prüfung der Zulässigkeit von Verfassungsänderungen o.ä.) sind nur jeweils wenigen Verfassungsgerichten zugewiesen und blieben bisher praktisch ohne Bedeutung.

(b) Untersucht man die Folgen von verfassungsgerichtlichen Entscheidungen auf die Landespolitik, lassen sich drei Rollen unterscheiden. Sie können zu „Streitschlichtern" werden, wenn sie in Organstreitverfahren Konflikte zwischen Verfassungsorganen lösen (Flick 2011; Carstensen 2020). Als „negative Gesetzgeber" (Kelsen 2008) treten sie auf, wenn sie ein vom Landesparlament verabschiedetes Gesetz für verfassungswidrig erklären.

Ein Verfassungsgericht wird in diesen Fällen rechtsgestaltend tätig, allerdings in negativer Form. Im Rahmen solcher Verfahren wurden immer wieder wichtige Entscheidungen herbeigeführt. Verfassungsgerichte sind schließlich wichtige „Rechtsschutzinstanz", an die sich Bürgerinnen mit einer Verfassungsbeschwerde wenden können, wenn sie sich in ihren Grundrechten verletzt fühlen. Nur wenige Verfassungsbeschwerden sind von Erfolg gekrönt.

Zwar können auch noch andere Verfahrensarten wie die Wahlprüfung in den politischen Bereich ausstrahlen (Blumenthal 2017; Plöhn 2020). Doch zeigt der kursorische Überblick, dass Landesverfassungsgerichte sich nicht als Ersatzgesetzgeber qualifizieren lassen. Politische Gestaltung ist in den Ländern Aufgabe von Exekutive und Legislative.

Die Länder im Bund und in Europa

7

Zusammenfassung

Die Länder sind Gliedstaaten eines Oberstaates, der selbst Mitglied der Europäischen Union ist. Eine solche Konstellation macht demokratisches Regieren nicht einfacher. Sie verweist erneut auf das im Bundesstaat angelegte Spannungsverhältnis von Vielfalt und Einheit. Dieses Kapitel fragt danach, wie Einheit im Bund unter den Voraussetzungen der europäischen Integration hergestellt werden kann. Die Darstellung beschränkt sich auf die Mitwirkung der Länder im Bundesrat und auf weitere Arten der Politikkoordination zwischen den Ländern sowie zwischen den Ländern und dem Bund. Abschließend wird die Rolle der Länder in der Europäischen Union skizziert.

7.1 Der Bundesrat: die Länderkammer im Bund

Der Bundesrat ist eine ungewöhnliche Institution. Im internationalen Vergleich ist er sogar einzigartig (Sturm 2012). Der Bundesrat ist „ewiges" Verfassungsorgan. Er wechselt mit jeder neuen Landesregierung seine Zusammensetzung und kennt weder Legislaturperioden noch zeitlich abgrenzbare Sitzungsintervalle. Zum ersten Mal zusammengetreten ist der Bundesrat am 7. September 1949. Rund 70 Jahre später, am 20. September 2019, fand die 980. Sitzung dieses Verfassungsorgans statt. Durchschnittlich waren dies knapp 14 Sitzungen pro Jahr. Der Bundesrat kommt also alle drei bis vier Wochen zu einer Plenarsitzung zusammen, auf der bis zu 80 Tagesordnungspunkte behandelt werden. Das ist ein straffes Programm, das ohne Vorbereitung, Absprachen und einem hohen Maß an Sitzungsdisziplin nicht zu bewältigen ist. Damit sind bereits zentrale Aspekte des Bundesrates angesprochen: seine Zusammensetzung (a), seine Arbeitsweise (b) und seine Kompetenzen (c).

(a) Im Bundesrat sind die Länder durch ihre Landesregierungen vertreten (Grasl 2016; Leunig und Träger 2012; Schmidt 2012). Im internationalen Vergleich ist es durchaus ungewöhnlich, dass ein Organ, das an der Gesetzgebung entscheidungsrelevant mitwirkt, aus Vertretern der exekutiven Gewalt besteht. Dem Bundesrat angehören können Mitglieder von Landesregierungen (Abschn. 6.3). Meist sind dies die Ministerpräsidenten und die Minister (in den Stadtstaaten sind es die Bürgermeister und die Senatoren). In der Bayerischen Verfassung schließt die Staatsregierung aber auch Staatssekretäre ein (Art. 43 Abs. 2 BayVerf), die dann ebenfalls dem Bundesrat angehören können. Die Landesregierungen benennen die Mitglieder bzw. deren Stellvertreter für den Bundesrat.

Die Mitglieder des Bundesrates sind keine Parlamentarier. Sie erhalten – als Mitglied des Bundesrates – keine Diäten,[1] genießen keine Immunität und keine Indemnität. Das ist auch folgerichtig. Denn der Bundesrat ist kein Parlament und die Bundesratsmitglieder sind sozusagen Gesandte ihrer Regierung. Sie sind an die Beschlüsse ihrer Landesregierung gebunden. Es gilt das imperative Mandat. Im Parlamentarischen Rat hat man diese Vertretungsvariante gewählt aus historischen Gründen und, weil es sinnvoll schien, dass die Länder, die ja die meisten

---

[1]Sie dürfen kostenfrei die Deutsche Bahn benutzen, erhalten Fahrkostenerstattung und eine recht bescheidene Kostenpauschale; vgl. dazu: Laufer und Münch (2010, S. 139).

Gesetze ausführen, an der Gesetzgebung beteiligt sind. Die Interessen der Länder und die Erfahrungen bei der Ausführung von Gesetzen sollten frühzeitig in Gesetzgebungsverfahren des Bundes Eingang finden. Gleichzeitig war gewährleistet, dass auch die Anliegen des Bundes in den Ländern berücksichtigt werden (Krumm 2015, S. 173; Laufer und Münch 2010, S. 137–141).

Schon im Parlamentarischen Rat 1948/1949 wurde kontrovers über die Verteilung der Stimmen im Bundesrat diskutiert. Einige argumentierten, dass jedes Land über gleich viel Stimmen im Bundesrat verfügen sollte (wie die Bundesstaaten im amerikanischen Senat). Dann hätte das kleine Bremen genauso viele Stimmen gehabt wie das große Nordrhein-Westfalen. Hier wären die Länder allein als staatsrechtliche Einheiten berücksichtigt worden. Die andere Option war, die Stimmen im Bundesrat auf Basis der Einwohnerzahl zu berechnen, also dem Prinzip der Repräsentativität Rechnung zu tragen. Das hätte nun bedeutet, dass die bevölkerungsreichen Länder in der Lage gewesen wären, den Bundesrat zu majorisieren. Auch diese Option fand keine Mehrheit. Kompromissfähig war schließlich die sogenannte „abgeschwächte Bundesratslösung", die darin bestand, dass die Einwohnerzahl nur in modifizierter, abgeschwächter Form Berücksichtigung fand. Diese Regelung gilt noch immer, sie wurde allerdings im Zuge der deutschen Vereinigung leicht geändert. Nach der aktuell bestehenden Fassung verfügt jedes Land über mindestens drei Stimmen, unabhängig von der Einwohnerzahl. Die Anzahl der Stimmen steigt je nach Einwohnerzahl auf vier, fünf oder höchstens sechs (Letzteres, wenn ein Land mindestens sieben Millionen Einwohner hat). Das wirft unmittelbar die Frage auf, ob die Länder bei einer solchen Konstruktion adäquat repräsentiert sind (Krumm 2015, S. 173–175; Sturm 2001, S. 53–69).

Zu Beginn des Jahres 2020 verfügte der Bundesrat über 69 Mitglieder (Tab. 7.1), wobei die rund 0,8 % der Einwohner Deutschlands, die in Bremen wohnten, von drei Mitgliedern im Bundesrat vertreten wurden. Das entsprach 4,3 % der Stimmen des Bundesrates. Nordrhein-Westfalen, das mit knapp 18 Mio. Einwohnern bevölkerungsreichste Land der Bundesrepublik, hat

Tab. 7.1 Bundesrat: Stimmen und Bevölkerungsanteile (Stand 2018). (Quelle: Statistisches Bundesamt 2019b; www.bundesrat.de; eigene Berechnungen und Ergänzungen)

	Aktuelle Regierung (Stand 01/2020)[a]	Anzahl der Stimmen im Bundesrat	Bevölkerung 2018 (in Tsd.)	Anteil an Gesamtbevölkerung	Stimmenanteil im Bundesrat	Einwohner je Stimme
BW	Grüne/CDU	6	11.070	13,3	8,7	1.845.000
BY	CSU/FW	6	13.077	15,8	8,7	2.179.500
BE	SPD/Linke/Grüne	4	3645	4,4	5,8	911.250
BB	SPD/CDU/Grüne	4	2512	3,0	5,8	628.000
HB	SPD/Grüne/Linke	3	683	0,8	4,3	227.667
HH	SPD/Grüne	3	1841	2,2	4,3	613.667
HE	CDU/Grüne	5	6266	7,5	7,2	1.253.200
MV	SPD/CDU	3	1610	1,9	4,3	536.667
NI	SPD/CDU	6	7982	9,6	8,7	1.330.333
NW	CDU/FDP	6	17.933	21,6	8,7	2.988.833
RP	SPD/FDP/Grüne	4	4085	4,9	5,8	1.021.250
SL	CDU/SPD	3	991	1,2	4,3	330.333

(Fortsetzung)

Tab. 7.1 (Fortsetzung)

	Aktuelle Regierung (Stand 01/2020)[a]	Anzahl der Stimmen im Bundesrat	Bevölkerung 2018 (in Tsd.)	Anteil an Gesamtbevölkerung	Stimmenanteil im Bundesrat	Einwohner je Stimme
SN	CDU/Grüne/SPD	4	4078	4,9	5,8	1.019.500
ST	CDU/SPD/Grüne	4	2208	2,7	5,8	552.000
SH	CDU/Grüne/FDP	4	2897	3,5	5,8	724.250
TH	Linke/SPD/Grüne	4	2143	2,6	5,8	535.750
Summe	–	69	83.021	100,0	100,0	1.203.203

[a]Gr = Grüne; FW = Freie Wähler

im Bundesrat sechs Stimmen. Damit stellte rund ein Fünftel der Einwohner Deutschlands im Bundesrat 8,7 % der Stimmen. Kleine Länder sind im Bundesrat also über-, große unterrepräsentiert.

Im Bundesrat sollen die Landesregierungen Landesinteressen vertreten. Landesregierungen bestehen aber zwangsläufig aus Parteipolitikern. Und es ist durchaus möglich, dass die Interessen eines Landes andere sein können als die Interessen einer Regierung. Gerhard Lehmbruch hat aus diesem möglichen Auseinandertreten von Parteipolitik und Landesinteressen im Bundesrat die im 3. Kapitel diskutierte Strukturbruchthese entwickelt und zu einem zentralen Thema der Forschung über den Bundesrat (und den Bundesstaat) gemacht. Wir werden darauf noch einmal zurückkommen.

(b) Arbeitsweise: Die Arbeitsweise des Bundesrates ist durch seine Zusammensetzung und den damit verknüpften Abstimmungsregeln geprägt. Nicht vergessen werden dürfen dabei die Ausschüsse, in denen die Gesetzesvorhaben beraten werden und in denen – im Unterschied zum Plenum des Bundesrates – auch Fachbeamte sitzen können, die von den Landesregierungen benannt werden. Die Plenardebatten sind davon ebenso geprägt wie die Ausschussdiskussionen. Konfrontative Auseinandersetzungen sind die Ausnahme und verpönt. Es dominiert ein sachlicher, problemorientierter Debattenstil. „Ein besonderes Merkmal der Bundesratssitzungen ist die ruhige Tonart, in der die Aussprachen stattfinden. Die Atmosphäre ist eher unterkühlt als hitzig, man redet ruhig, sachlich und gesetzt. […] Zwischenrufe sind selten, Ordnungsrufe kennt man nicht, und Unmutsäußerungen oder Beifall, die bis Anfang der 90er Jahre fast als stilwidrig galten, sind auch in neuerer Zeit kaum zu hören." So der Bundesrat in einer Selbstbeschreibung durchaus zutreffend (https://www.bundesrat.de/DE/bundesrat/br-plenum/br-plenum-node.html).

Die Stimmabgabe erfolgt im Bundesrat nach zwei Grundsätzen: auf Grundlage einer Entscheidung der Landesregierung und einheitlich. Für die Vertreter der Landesregierungen gilt im Bundesrat ein imperatives Mandat. Die Vertreter stimmen so ab, wie die Landesregierung vorab festgelegt hat. Das Abstimmungsverhalten steht also fest, ehe sich die Vertreter der Landesregierungen im Bundesrat treffen. Das kann dann Probleme aufwerfen, wenn die Landesregierung aus einer Koalition besteht, die sich auf keine einheitliche Position einigen kann. In diesen Fällen enthalten Koalitionsverträge meist eine sogenannte Bundesratsklausel, nach der sich das Land im Bundesrat zu enthalten hat, falls die Koalitionspartner zu keiner Einigung kommen (Sturm 2001, S. 54–55). Eine Enthaltung wirkt bei Abstimmungen im Bundesrat aber wie eine Nein-Stimme. Denn für einen Beschluss ist die Mehrheit der gesetzlichen Mitglieder des Bundesrates erforderlich. Damit verknüpft ist die einheitliche Stimmabgabe (Art. 51 GG), die per Stimmführer erfolgt. D. h. es genügt, wenn die Stimmen eines Landes durch einen Vertreter dieses Landes abgegeben werden. Stimmen eines Landes können nicht gesplittet, sondern immer nur im Block abgegeben werden. Erhöht wird das Konfliktpotenzial bei sogenannten „gemischten Koalitionen", das sind Landesregierungen, die aus Parteien bestehen, die im Bund in der Opposition und an der Regierung sind (z. B. die seit 2016 bestehende Koalition aus Grünen und CDU in Baden-Württemberg, von denen Erstere im Bund in der Opposition sind und Letztere an der Regierung ist).

(c) Umstritten ist die Rolle des Bundesrates bei der Gesetzgebung. Zu unterscheiden sind in diesem Zusammenhang Einspruchs- von Zustimmungsgesetzen. Bei ersteren kann der Bundesrat Einspruch gegen ein vom Bundestag beschlossenes Gesetz einlegen; ein solcher Einspruch kann der Bundestag dann wieder zurückweisen. Solche Gesetze können also zustande kommen, ohne dass der Bundesrat dazu ein positives Votum abgegeben hat (oder überhaupt darüber abgestimmt hat). Bei zustimmungspflichtigen Gesetzen ist dies nicht möglich. Hier muss der Bundesrat mit der Mehrheit seiner Stimmen seine Zustimmung erteilen. Deswegen wird er in der einschlägigen Literatur als „Blockadeinstrument" oder „Vetospieler" bezeichnet oder ist Ursache für einen „Strukturbruch" zwischen Parteienwettbewerb und Bundesstaat (Lehmbruch 2000; Burkhart 2008). Das sind weitreichende Schlussfolgerungen, die vor allem dadurch gestützt werden, dass der Anteil der zustimmungspflichtigen Gesetze von vielen als wesentlich zu hoch betrachtet wird und bei weitem das Ausmaß übersteigen würde, das sich die Väter und Mütter des Grundgesetzes vorgestellt hätten. Sieht man einmal davon ab, dass nicht ganz klar ist, was sich die Väter und Mütter des Grundgesetzes wirklich vorgestellt haben und ob die Vorstellungen sonderlich realistisch waren, gilt es vor diesem Hintergrund, sich die Rolle des Bundesrates und damit der Länder im Bund etwas näher anzusehen. Fünf Aspekte sind hier wichtig:

Erstens, das Verfahren im Bundesrat ist grundsätzlich auf Konsens angelegt. So kann der Bundesrat schon frühzeitig in das Gesetzgebungsverfahren eingreifen. Alle Gesetzentwürfe, die die Bundesregierung in den Bundestag einbringt, sind vorab dem Bundesrat zur Stellungnahme vorzulegen. Der Bundesrat kann dann innerhalb von sechs Wochen zu dem Entwurf Stellung beziehen (Art. 76 Abs. 2 GG). (Diese Frist kann auf drei Wochen verkürzt werden; bei verfassungsändernden Gesetzentwürfen beträgt sie neun Wochen.) Bundestag bzw. Bundesregierung sind somit frühzeitig mögliche Bedenken der Länder bekannt.

Zweitens, der Bundesrat kann „drei Wochen nach Eingang des Gesetzesbeschlusses verlangen, dass ein aus Mitgliedern des Bundestages und des Bundesrates für die gemeinsame Beratung der Vorlagen gebildeter Ausschuss einberufen wird" (Art. 77 Abs. 2 GG). Das ist der sogenannte Vermittlungsausschuss. Er wurde einmal recht plakativ als „Dunkelkammer" des Gesetzgebungsverfahrens bezeichnet (Reutter 2006b, S. 13), weil er unter Ausschluss der Öffentlichkeit verhandelt. Er setzt sich aus 16 Mitgliedern des Bundesrates und ebenso vielen Mitgliedern des Bundestages zusammen. Dieser Vermittlungsausschuss versucht, einen Kompromiss zu finden und ggfs. eine Änderung des Gesetzesbeschlusses herbeizuführen. Und der Ausschuss ist erstaunlich erfolgreich. Von den zwischen 1994 und 2017 in diesem Ausschuss behandelten 322 Gesetzentwürfen, konnten 280 verkündet werden. Das waren über 86 % (eigene Berechnungen nach: Bundesrat 2017).

Drittens, in der einschlägigen Literatur wird die Macht des Bundesrates in Gesetzgebungsverfahren allein über die Art des Gesetzes erschlossen und damit, dass bei zustimmungspflichtigen Gesetzen die Länderkammer ihr Veto eingelegt hat oder doch hätte einlegen können. In dieser Perspektive meist vernachlässigt oder als unwichtig betrachtet werden dabei die sogenannten Einspruchsgesetze. Einspruchsgesetze sind alle Gesetze, die nach dem Grundgesetz nicht zustimmungspflichtig sind (Art. 77 Abs. 3 GG), weil die Interessen der Länder nicht berührt werden. Das waren einmal rund 40 % der Gesetze; aktuell sind es über 60 % aller vom Bundestag beschlossenen Gesetze. Ein Einspruch bedarf wie jeder Beschluss der Länderkammer der Mehrheit der Stimmen des Bundesrates (Art. 52 Abs. 3 GG). Das gilt aber als ein wenig erfolgversprechendes Instrument. Denn Einsprüche können vom Bundestag zurückgewiesen werden, und zwar mit derselben Mehrheit, mit der der Bundesrat seinen Einspruch eingelegt hat. Der Bundesrat könnte folglich auch bei Einspruchsgesetzen Gesetzesbeschlüsse des Bundestages blockieren. Dafür müsste er mit einer Zweidrittel- oder noch größeren Mehrheit Einspruch erheben. Einsprüche mit einer solchen Mehrheit kommen praktisch nicht vor. So wurden zwischen 1994 und 2017 gerade einmal 44 Einsprüche erhoben, von denen 40 vom Bundestag zurückgewiesen wurden (bei insgesamt 1706 Einspruchsgesetzen, die dem Bundesrat vorlagen; Bundesrat 2017). Was auch immer die Gründe sind, das Ergebnis – wenige Einsprüche und noch weniger Gesetze, die an einem Einspruch gescheitert sind – relativiert die verallgemeinernde Einschätzung, der Bundesrat sei ein Blockadeinstrument.

Viertens, zu einer ähnlichen Schlussfolgerung kommt man bei einer Analyse der zustimmungspflichtigen Gesetze. Das sind Gesetze, denen der Bundesrat zustimmen muss. Anders als bei Einspruchsgesetzen muss der Bundesrat bei solchen Gesetzen also einen Beschluss fassen. Auch hier ist die Mehrheit der Mitglieder des Bundesrates notwendig. Hier kommt die parteipolitische Konstellation ins Spiel. Denn es ist tatsächlich die Ausnahme, dass die parteipolitischen Mehrheitsverhältnisse im Bundestag und Bundesrat übereinstimmen. So besaß die große Koalition aus CDU/CSU und SPD im Bundestag im Januar 2020 zwar eine komfortable Mehrheit von über 56 % aller Abgeordneten, es gab zu diesem Zeitpunkt aber nur drei Länder (MV, NI, SL), in denen ebenfalls eine große Koalition aus CDU und SPD regierte. Diese drei Länder verfügten zusammen über 11 Stimmen im Bundesrat. Dagegen waren die Grünen im Januar 2020, die im Bundestag in der Opposition waren, in elf Ländern in einer Koalitionsregierung. Diese elf Länder verfügten über 45 Stimmen. Kurzum: Ohne die Unterstützung der Grünen konnte Anfang 2020 im Bundesrat kein zustimmungspflichtiges Gesetz verabschiedet werden. Und eine solche Konstellation ist keineswegs die Ausnahme. *Divided Government,* also unterschiedliche parteipolitische Mehrheiten in Bundesrat und Bundestag, ist die Regel. Vor diesem Hintergrund kann nur überraschen, dass nur wenige vom Bundestag beschlossene Gesetze – rund 2 % – an einer fehlenden Zustimmung des Bundesrates scheitern.[2]

Fünftens, der Vollständigkeit halber zu erwähnen ist schließlich, dass der Bundesrat selbst Gesetzentwürfe in den Bundestag einbringen kann. Und dies macht er auch. Insgesamt hat der Bundesrat zwischen 1994 und 2017 (13.–18. WP des Bundestages) 599 Gesetzentwürfe über die Bundesregierung dem Bundestag zur Beschlussfassung zugeleitet. Nur rund jeder fünfte der vom Bundesrat eingebrachte Entwurf wurde vom Bundestag angenommen und durch den Bundespräsidenten als Gesetz ausgefertigt (Bundesrat 2017; Münch 2011). Wie erwähnt, wirkt der Bundesrat auch bei der Verwaltung des Bundes mit (Art. 51 Abs. 1 GG). Auch hier kann er seine Zustimmung zu Rechtsverordnungen oder Verwaltungsvorschriften versagen, was allerdings so gut wie nie vorkommt. Von 2881 Rechtsverordnungen und 261 Verwaltungsvorschriften, die zwischen 1994 und 2017 dem Bundesrat zugeleitet und von ihm beraten wurden, scheiterten gerade einmal 17 Rechtsverordnungen und 4 Verwaltungsvorschriften an einer fehlenden Zustimmung des Bundesrates.

---

[2]Nach Angaben des Bundesrates wurden zwischen 1994 und 2017 (13. bis 18. Wahlperiode des Bundestages) insgesamt 1483 zustimmungspflichtige Gesetze verabschiedet; die Zustimmung verweigerte der Bundesrat für 90 Vorlagen; nicht verkündet wurden 28 vom Bundestag beschlossene Gesetze (Bundesrat 2017).

7.2 Horizontale und vertikale Koordination: die Länder im Bund und in Europa

Wie eingangs erwähnt, soll im Bundesstaat nicht nur die Vielfalt der Gliedstaaten erhalten, sondern auch die Einheit des Gesamtstaates garantiert werden. Diese Einheitsbildung vollzieht sich in unterschiedlicher Form und selbstredend auch durch Mechanismen, die nicht Teil der föderativen Ordnung sind wie etwa das Sozialversicherungssystem, die Rechtsprechung des Bundesverfassungsgerichtes oder andere bundespolitische Maßnahmen. Aber auch die Länder wirken aktiv an der Einheitsbildung mit. Bund und Länder sind in unterschiedlicher Form und in variierender Zusammensetzung miteinander verflochten (Abb. 7.1). Unterschieden werden dabei in der einschlägigen Literatur die Formen (informell/formell) und die Ebenen (horizontal/vertikal) der Zusammenarbeit.

(1) Auf einige dieser Verflechtungen sind wir bereits eingegangen wie den Bundesrat und die Auftragsverwaltung. Diese beiden Ausprägungen sind institutionalisiert und schließen beide staatlichen Ebenen (also Bund und Länder) ein. Eine weitere Ausprägung sind die sogenannten Gemeinschaftsaufgaben, die 1969 in das Grundgesetz aufgenommen wurden und für Fritz W. Scharpf und andere (1976) das Paradebeispiel für die Politikverflechtung waren (Abschn. 3.3). Gemeinschaftsaufgaben zeichnen sich dadurch aus, dass sie für die „Gesamtheit" von Bedeutung

	Vertikal (einschließlich Bund)	Horizontal (ohne Bund)
Formal / institutionalisiert	(1) Bundesrat, Gemeinschaftsaufgaben, Auftragsverwaltung etc.	(2) „Dritte Ebene"; Ministerpräsidentenkonferenz, Kultusministerkonferenz, Staatsverträge, Verwaltungsabkommen
Informell	(3) Landesvertretungen, Fachbruderschaften; Ressortkumpaneien	(4) Fachministerkonferenzen, Arbeitskreise und Beratungsgremien

Abb. 7.1 Politik- und Verwaltungsverflechtung im Deutschland: Ebenen und Formen. (Quelle: nach Bogumil und Jann 2009, S. 83)

sind und die „Mitwirkung des Bundes zur Verbesserung der Lebensverhältnisse" erforderlich ist (Art. 91a abs. 1 GG). Zwar bleiben die Aufgaben der Verbesserung der regionalen Wirtschaftsstruktur, der Agrarstruktur und des Küstenschutzes grundsätzlich Landesaufgaben, doch wirkt hier der Bund durch die teilweise Finanzierung und durch die Rahmenplanung ein (Bogumil und Jann 2009, S. 81). Laufer und Münch (2010, S. 192) bezeichnen die Gemeinschaftsaufgaben dann auch zu Recht als die „intensivste Form der Kooperation im deutschen Bundesstaat".

(2) Eine weitere formale – allerdings horizontale – Koordination besteht in der Ministerpräsidentenkonferenz (MPK), an der selbstredend auch die Bürgermeister der Stadtstaaten teilnehmen. Zum ersten Mal einberufen wurde die Konferenz nach Gründung der Bundesrepublik Ende 1952 (entsprechende Treffen fanden auch schon vor 1949 statt). In der Regel treffen sich die Regierungschefs aller 16 Länder vier Mal im Jahr. Zwei Mal im Jahr wird die Bundeskanzlerin zu einem Treffen im Anschluss an die MPK eingeladen.[3] Vorbereitet werden diese Konferenzen durch die Staatsbzw. Senatskanzleien der Länder. Der Vorsitz der MPK wechselt jährlich in einer festgelegten Reihenfolge, wobei Krumm (2015, S. 184) berichtet, dass pro Sitzung zwischen 10 und 15 Tagesordnungspunkte behandelt werden. Gegebenenfalls können in diesem Rahmen Staatsverträge oder Bund-Länder-Abkommen vorbereitet und beschlossen werden. Diese sogenannte „Kooperation auf der dritten Ebene" ist ein zweischneidiges Unterfangen (Laufer und Münch 2010, S. 184 f.; Sturm 2001, S. 78–80; Kropp 2010, S. 134–153). Hinter dieser Kooperation steht das Problem, dass sich viele gesellschaftliche Herausforderungen nicht innerhalb von Landesgrenzen bewältigen lassen. Eine Kooperation über Landesgrenzen hinweg ist daher zwingend notwendig. Gleichzeitig stellt diese Form der Zusammenarbeit die „Gestaltungsautonomie" der Länder infrage und befördert Unitarisierungstendenzen.

---

[3]Die Angaben stammen von: https://www.bayern.de/staatsregierung/ministerpraesidentenkonferenz/die-ministerpraesidentenkonferenz/.

Vor der Bundesrepublik Deutschland gab es nicht nur die Länder, sondern auch die Kultusministerkonferenz. Die „Ständige Konferenz der Kultusminister der Länder in der Bundesrepublik Deutschland" (KMK) wurde 1948 von den Kultusministern der Länder der westlichen Besatzungszone gegründet (Laufer und Münch 2010, S. 186). Sie versucht – wenig erfolgreich – insbesondere, die Schul- und Hochschulpolitik der Länder zu koordinieren. Sie beruht auf Freiwilligkeit und Einstimmigkeit. Diese Konstruktionsprinzipien verschaffen jedem Bundesland die Möglichkeit, Beschlüsse zu verhindern. Diese Institution wurde auch nach Gründung der Bundesrepublik Deutschland beibehalten und erlangte einen Modellcharakter für viele andere Fachministerkonferenzen, die jährlich stattfinden (ggfs. öfter). Der Bund nimmt hier bei Bedarf als Gast teil.

(3+4) Neben diesen formellen Verflechtungsstrukturen bestehen informelle Formen der Koordination. Neben den Ministerpräsidentenkonferenzen gibt es diverse Fachministerkonferenzen, die ebenfalls in regelmäßigen Abständen stattfinden. Anders als die KMK verfügen diese Konferenzen über keinen organisatorischen Unterbau. Beschlüsse dieser Gremien sind nicht bindend. „Ihr Zweck besteht allein darin, Probleme gemeinsam zu erörtern, Standpunkte deutlich zu machen und damit auch zum gegenseitigen Verständnis beizutragen" (Laufer und Münch 2010, S. 184). Vertreter der Länder beim Bund und andere netzwerkartige Strukturen (Fachbruderschaften und Ressortkumpaneien) komplettieren diese informellen Kooperationsformen.

Eine besondere Herausforderung für die Länder stellt dabei die europäische Integration dar. Nach Roland Sturm und Heinrich Pehle (2012, S. 98) droht der deutsche Föderalismus aufgrund der europäischen Integration zu einer „folkloristischen Restgröße" zu werden. Denn die Länder würden zunehmend eigenständigen „Handlungs- und Gestaltungsspielraum" verlieren (ebda.). Nach Martin Große-Hüttmann (2019, S. 141–143) waren die Länder allerdings durchaus in der Lage, europapolitische Handlungsfähigkeit zu entwickeln und ihren Einfluss in diesem Feld zu erhöhen (Abb. 7.2). Nach Große-Hüttmann verteidigten die Länder mit einer „leave-us-alone"-Strategie

	EU Ebene	Nationale Ebene
„Leave us alone" - Strategie	Subsidiaritätsprinzip (einschl. Frühwarnsystem); klare Kompetenzabgrenzungen	Ländermitwirkung über Art. 23 GG; horizontale Koordination über MPK und EMK
„Let us in"- Strategie	Länderbeobachter, „Nebenaußenpolitik", Lobbying auf EU Ebene, Informationsbüros in Brüssel, Ausschuss der Regionen; Vernetzung der Regionen mit Gesetzgebungskompetenzen	Ländermitwirkung über Art. 23 GG; vertikale Koordinierung zwischen Bund und Ländern

Abb. 7.2 Europapolitische Strategien und Handlungsoptionen der Länder. (Quelle: Große-Hüttmann 2019, S. 141)

erfolgreich ihre Rechte und Kompetenzen. Sie bestanden auf ihren legislativen Kompetenzen, betonten das Subsidiaritätsprinzip oder wirkten in der Europakammer des Bundesrates an der EU-Politik mit. Gleichzeitig gelang es den Ländern mit einer „let-us-in-Strategie", sich Vertretungsrechte in europäischen Entscheidungsverfahren (Art. 23 Abs. 6 GG) und im Ausschuss der Regionen zu sichern. Teilweise haben sie sogar eine Art „Nebenaußenpolitik" betrieben und sich unabhängig vom Bund ein eigenständiges Kontakt- und Informationsnetzwerk aufgebaut (Sturm und Pehle 2012, S. 103–114; Große-Hüttmann 2019; Hrbek 2017).

Die Länder und Demokratie im deutschen Bundesstaat

8

Zusammenfassung

Abschließend wird der Beitrag der Länder zur Demokratie und zur föderalen Ordnung zusammenfassend dargestellt. Diskutiert werden die Möglichkeiten zur demokratischen Beteiligung, die Integrationsleistungen der Länder sowie die gewaltenteilenden Effekte.

In seinem Standardwerk zum politischen System Deutschlands hat Manfred G. Schmidt (2011, S. 467–498) die „Leistungen und Mängel der Politik in Deutschland" analysiert. Nach Schmidt (2011, S. 498) verdient die Bundesrepublik Deutschland dabei „insgesamt gute Noten für ihre politischen Institutionen im Allgemeinen". Obwohl Schmidt in diesem Zusammenhang zwar auch auf den Bundesstaat eingeht, behandelt er die Länder in diesem Zusammenhang nur am Rande. Dennoch lässt sich im Anschluss an Schmidt resümierend festhalten: Auch die Länder haben an der bundesrepublikanischen „Erfolgsgeschichte" mitgewirkt (Sontheimer et al. 2007, S. 413–423). Sie sind „Elemente der Demokratie" in der Bundesrepublik Deutschland. Sie haben die Demokratie nicht nur 1949 gegründet, sondern sie tragen auch zu deren Stabilität und Leistungsfähigkeit bei (und verursachen bisweilen auch Probleme). Verfassungsrechtlich drückt sich der Beitrag der Länder zur Demokratie schon darin aus, dass der deutsche Bundesstaat demokratisch zu sein hat und mit Ewigkeitsgarantie ausgestattet ist.

Die Mitwirkung der Länder am Funktionieren des demokratischen Bundesstaates macht sich dabei in mehrerlei Hinsicht bemerkbar (Reutter 2008, S. 341–344): Erstens, im internationalen Vergleich ist die Bundesrepublik Deutschland als beteiligungsfreundlich zu bezeichnen (Schmidt 2011, S. 478–472). Partizipation bedeutet in diesem Zusammenhang die Chance, sowohl im Bund wie in den Ländern (und in der EU) an der öffentlichen Willensbildung und Entscheidungsfindung aktiv mitwirken zu können. Sie unterstützt insoweit gesamtgesellschaftliche Integration. Diese Einordnung lässt sich nicht nur mit der noch immer hohen Beteiligung bei Wahlen zum Bundestag begründen, sondern auch mit den Wahlen zu Landesparlamenten (sowie Kommunalparlamenten) sowie den direktdemokratischen Verfahren. Das „Volk" kann sich also auf unterschiedlichen Ebenen in variierender Form demokratisch beteiligen. Das ist keine geringe Leistung. Damit einher geht aber auch ein demokratiegefährdendes Potenzial, wenn sich auf Landesebene Parteien etablieren, die die grundlegenden Werte der Bundesverfassung ablehnen.

Zweitens, über Landesparteien und Landesparlamente lassen sich (regionale) gesellschaftliche Interessen und Anliegen vertreten und moderieren. Dadurch ergibt sich eine Art „Arbeitsteilung" zwischen Bundes- und Landesebene. Regionale Konflikte können regional bearbeitet werden, und regional begrenzte Probleme können mit regional begrenzten Mitteln und Maßnahmen gelöst werden. Das entlastet die Bundespolitik.

Drittens, ist zu erwähnen, dass durch die Länder die meisten Parteien zugleich regieren und opponieren. D. h. sie können im Bund oder in einem Land an der Regierung beteiligt sein und gleichzeitig in einem anderen Land sich in der Opposition befinden. Das bedeutet, dass Parteien sich in unterschiedlichen Rollen in die demokratische Herrschaftsordnung einfügen (es sei denn, sie lehnen diese grundsätzlich ab). Auch dies kann gesamtgesellschaftliche Integration befördern.

Viertens, Demokratie bedeutet Herrschaft auf Zeit. Regierungs- und Machtwechsel gehören also zwingend dazu und sie sollten „geordnet, verfahrensgenau und ohne Blutvergießen" erfolgen (Schmidt 2011, S. 473). Die Länder haben nach 1949 dazu beigetragen, dass ein solcher Machtwechsel politische Normalität geworden ist (Decker und Blumenthal 2002, S. 162–164) und auch gegenwärtig häufig stattfindet.

Hinzu kommen schließlich die Innovationsfunktion sowie der Beitrag der Landesparlamente zur Verwaltungskontrolle. Innovationen der Länder umfassen verfassungsrechtliche Regelungen oder politische Konstellationen (neue Koalitionen und Koalitionsformate). Aber auch in einigen Politikfeldern machten Länder als „Labore" von sich reden. Dadurch erhöht sich die „Lern-" und „Fehlerkorrekturfähigkeit", ein Element, das sich sogar in Politikfeldern, die in hohem Maße zentralstaatlich geprägt sind, niederschlägt (Schmidt 2011, S. 490–492). Vielfalt kann im deutschen Bundesstaat somit nicht nur Ursache für Konflikte und Spannungen sein, sondern auch Grundlage für Lösungen und Problembearbeitung.

Kommentierte Literatur

Freitag, M., & Vatter, A. (Hrsg.) (2008). *Die Demokratien der deutschen Bundesländer. Politische Institutionen im Vergleich.* **Opladen etc.: Verlag Barbara Budrich.**
Der Band untersucht die politischen Systeme in den Bundesländern auf Grundlage der aus der internationalen vergleichenden Forschung bekannten Unterscheidung von Konsens- und Mehrheitsdemokratie. Daraus ergeben sich theoretisch und empirisch umfassende und gehaltvolle Bestandsaufnahmen der „Demokratiemuster" in den deutschen Ländern.

„Gleichwertige Lebensverhältnisse". *Aus Politik und Zeitgeschichte***, 69. Jahrgang, Heft 46 vom 11. November 2019.**
Das Themenheft führt in sechs Beiträgen in eine zentrale Leitidee des deutschen Föderalismus ein: in die Forderung nach „Gleichwertigkeit der Lebensverhältnisse". Es behandelt theoretische Fragen zu diesem Leitbegriff, methodische Probleme bei der Messung von Lebensverhältnissen und diskutiert politische Folgerungen aus diesem Verfassungsauftrag.

Hartmann, J. (Hrsg). (1997). *Handbuch der deutschen Bundesländer.* **(3. erweiterte und aktualisierte Aufl.). Frankfurt a. M.: Campus.**
Das von Jürgen Hartmann herausgegebene Handbuch bietet grundlegende Informationen zu allen 16 Ländern. Die Beiträge zu den Ländern folgen einem einheitlichen Schema und behandeln verfassungsrechtliche Grundlagen, sozioökonomische Entwicklungen sowie politische Strukturen. Zudem werden ausgewählte Politikbereiche dargestellt. Darüber hinaus enthält der Band ein Kapitel zum bundesstaatlichen Aufbau sowie einen Beitrag zu den neuen Bundesländern.

Hildebrandt, A., & Wolf, F. (Hrsg). (2016). *Die Politik der Bundesländer. Zwischen Föderalismusreform und Schuldenbremse.* **(2. Aufl.). Wiesbaden: Springer VS.**
Die erste Auflage dieses Sammelbandes hatte noch den Untertitel: „Staatstätigkeit im Vergleich". Die Änderung verweist auf einen Perspektivenwechsel. Während in der ersten Auflage noch die Unterschiede zwischen den Bundesländern in Politikfeldern und politischen Strukturen herausgearbeitet und erklärt werden sollten, steht in der 2016 erschienen Neuauflage die „Leitfragestellung" im Vordergrund, ob und wie sich die Föderalismusreformen 2006 und 2009 in den Ländern niedergeschlagen haben. Die neben Einleitung und Schlusskapitel insgesamt 17 Beiträge geben einen umfassenden Einblick in die behandelten Politikfelder.

Laufer, H., & Münch, U. (2010). *Das föderale System der Bundesrepublik Deutschland.* **München: Bayerische Landeszentrale für politische Bildungsarbeit.**
Diese problemorientierte Einführung beleuchtet und erläutert alle wichtigen Aspekte des deutschen Föderalismus. Neben der historischen Entwicklung, den bundesstaatlichen Struktur- und Funktionsprinzipien (Aufgabenverteilung, Politikverflechtung, Bundesrat) geht das Buch auch auf die deutschen Länder in der Europäischen Union und auf die Finanzordnung im deutschen Bundesstaat ein.

Leunig, S. (2012). *Die Regierungssysteme der deutschen Länder im Vergleich.* **(2. Aufl.). Wiesbaden: Springer VS.**
Leunig gibt in seinem Lehrbuch einen vergleichenden Überblick über die Regierungssysteme in den Ländern. Leunig stellt die Entstehung der Länder dar und konzentriert sich auf die institutionelle Ausgestaltung der politischen Ordnungen. Insbesondere arbeitet Leunig heraus, dass sich die Regierungssysteme zwischen den Ländern durchaus unterscheiden, auch wenn sie typologische Gemeinsamkeiten aufweisen.

Pestalozza, C. (Hrsg.). (2014). *Verfassungen der deutschen Bundesländer mit dem Grundgesetz.* **(10. Aufl.). Stand: 1. März 2014. München: C.H. Beck.**
Der Band enthält einen einführenden Beitrag des Herausgebers, die Textausgaben aller 16 Landesverfassungen sowie des Grundgesetzes.

Reutter, W. (2008). *Föderalismus, Parlamentarismus und Demokratie. Landesparlamente im Bundesstaat.* **Opladen & Farmington Hills: Verlag Barbara Budrich.**
Der Band untersucht die Folgen des demokratischen und unitarischen Bundesstaates für die Landesparlamente. Im Einzelnen dargestellt werden: Entstehung und Rolle von Landesverfassungen, die Wahl- und Parteiensysteme, parlamentssoziologische Aspekte, Struktur, Arbeitsweise und Funktion der Landesparlamente und wie sich diese Institutionen in das deutsche und europäische Mehrebenensystem einordnen lassen.

Reutter, W. (2017). Landesverfassungsgerichte. Entwicklung – Aufbau – Funktionen. Wiesbaden: Springer VS.
Der Band beinhaltet neben der Einleitung Beiträge zu allen 16 Landesverfassungsgerichten. In den Beiträgen untersucht werden Entstehung, Struktur und Aufgaben dieser obersten Gerichte in den Ländern.

Literaturverzeichnis

Abromeit, H. (1992). *Der verkappte Einheitsstaat*. Opladen: Westdeutscher Verlag.
Algasinger, K., von Oertzen, J, & Schöne, H. (2004). Wie das Parlament die Regierung kontrolliert: Der Sächsische Landtag als Beispiel. In E. Holtmann & W. J. Patzelt (Hrsg.), *Kampf der Gewalten? Parlamentarische Regierungskontrolle – Gouvernmentale Parlamentskontrolle. Theorie und Empirie* (S. 106–147). Wiesbaden: VS Verlag.
Anderson, G., & Scheller, H. (2012). *Fiskalföderalismus. Eine international vergleichende Einführung*. Opladen: Budrich, UTB.
Anter, A., & Flick, V. (2016). Die Landesregierung in Brandenburg. In A. Lorenz, A. Anter, & W. Reutter (Hrsg.), *Politik und Regieren in Brandenburg* (S. 105–122). Wiesbaden: Springer VS.
Arbeitskreis „Volkswirtschaftliche Gesamtrechnungen der Länder". (2019). *Gesamtwirtschaftliche Ergebnisse im Bundesländervergleich*. Stuttgart: Statistisches Landesamt Baden-Württemberg. http://vgrdl.de/VGRdL/tbls/VGR_FB.pdf. Zugegriffen: 4. Dez. 2019.
Arnim, H. H. von. (2002). *Vom schönen Schein der Demokratie. Politik ohne Verantwortung – Am Volk vorbei*. München: Droemer Knaur.
Austermann, D. (2019). Schafft die Länder ab, denn so war der Föderalismus nicht gedacht! Ein Plädoyer zur Änderung des Grundgesetzes. *Zeitschrift für Parlamentsfragen, 50*(2), 434–437. https://doi.org/10.5771/0340-1758-2019-2-434.
Bagehot, W. (1993). *The English Constitution* [zuerst 1867]. With an Introduction by Richard Crossman. London: Fontana Press.
Behnke, N. (2015). Stand und Perspektiven der Föderalismusforschung. *Aus Politik und Zeitgeschichte, 28–30*, 9–16.
Behnke, N., & Kropp, S. (Hrsg.). (2016). *Ten years of federalism reform in Germany*. Special Issue of *Regional and Federal Studies, 26*(5).

Benz, A. (2009). Ein gordischer Knoten der Politikwissenschaft? Zur Vereinbarkeit von Föderalismus und Demokratie. *Politische Vierteljahresschrift 50*(1), 3–22.

Benz, A., & Kropp, S. (2014). Föderalismus in Demokratien und Autokratien – Vereinbarkeiten, Spannungsfelder und Dynamiken. *Zeitschrift für Vergleichende Politikwissenschaft, 8*(1), 1–27.

Benz, W. (1989). *Von der Besatzungsherrschaft zur Bundesrepublik. Stationen einer Staatsgründung 1946–1949.* Frankfurt a. M.: Fischer.

Benz, W. (1994). *Potsdam 1945. Besatzungsherrschaft und Neuaufbau im Vier-Zonen-Deutschland* (3. Aufl.). München: dtv.

Bertelsmann-Stiftung. (2008). *Bürger und Föderalismus. Eine Umfrage zur Rolle der Bundesländer.* Verantwortlich: O. Wintermann und T. Petersen. Gütersloh: Bertelsmann-Stiftung. https://www.bertelsmann-stiftung.de/fileadmin/files/BSt/Presse/imported/downloads/xcms_bst_dms_23798_23799_2.pdf. Zugegriffen: 2. Sept. 2019.

Bertelsmann-Stiftung (Hrsg.). (2015a). *Prekäre Wahlen – Bremen. Milieus und soziale Selektivität der Wahlbeteiligung bei der Bremischen Bürgerschaftswahl 2015.* Gütersloh: Bertelsmann-Stiftung. https://www.bertelsmann-stiftung.de/fileadmin/files/BSt/Publikationen/GrauePublikationen/Studie_ZD_Prekaere-Wahlen-Bremen_2015.pdf. Zugegriffen: 13. Dez. 2019.

Bertelsmann-Stiftung. (2015b). *Prekäre Wahlen – Hamburg. Milieus und soziale Selektivität der Wahlbeteiligung bei der Hamburger Bürgerschaftswahl 2015.* Gütersloh: Bertelsmann-Stiftung. http://www.bertelsmann-stiftung.de/de/publikationen/publikation/did/prekaere-wahlen-hamburg/. Zugegriffen: 13. Dez. 2019.

Bertelsmann-Stiftung. (2017). *Populäre Wahlen – NRW. Mobilisierung und Gegenmobilisierung der sozialen Milieus bei der Landtagswahl Nordrhein-Westfalen 2017.* Gütersloh: Bertelsmann-Stiftung. https://www.bertelsmann-stiftung.de/fileadmin/files/BSt/Publikationen/GrauePublikationen/ZD_Populaere_Wahlen_NRW.pdf. Zugegriffen: 13. Dez. 2019.

Beyme, K. von. (1997a). Funktionswandel der Parteien in der Entwicklung von der Massenmitgliederpartei zur Partei der Berufspolitiker. In O. W. Gabriel, O. Niedermayer & R. Stöss (Hrsg.), *Parteiendemokratie in Deutschland* (S. 359–383). Bonn: Bundeszentrale für politische Bildung.

Beyme, K. von. (1997b). *Der Gesetzgeber. Der Bundestag als Entscheidungszentrum.* Opladen: Westdeutscher Verlag.

Beyme, K. von. (1999). *Die parlamentarische Demokratie. Entstehung und Funktionsweise 1789–1999* (3. Aufl.). Wiesbaden: Westdeutscher Verlag.

Blumenthal, J. von. (2009). *Das Kopftuch in der Landesgesetzgebung. Governance im Bundesstaat zwischen Unitarisierung und Föderalisierung.* Baden-Baden: Nomos.

Blumenthal, J. von. (2017). Das Hamburgische Verfassungsgericht. In W. Reutter (Hrsg.), *Landesverfassungsgerichte. Entwicklung – Aufbau – Funktionen* (S. 149–174). Wiesbaden: Springer VS.

BMI (Hrsg.). (2019). *Unser Plan für Deutschland – Gleichwertige Lebensverhältnisse überall – Schlussfolgerungen von Bundesminister Horst Seehofer als Vorsitzendem sowie Bundesministerin Julia Klöckner und Bundesministerin Dr. Franziska Giffey als Co-Vorsitzenden zur Arbeit der Kommission „Gleichwertige Lebensverhältnisse"*. Stand: Juli 2019. http://www.bmi.bund.de. Zugegriffen: 2. Dez. 2019.

Böckenförde, E.-W. (1992). *Staat, Verfassung, Demokratie. Studien zur Verfassungstheorie und zum Verfassungsrecht*. Frankfurt a. M.: Suhrkamp.

Bödeker, S. (2012). *Soziale Ungleichheit und politische Partizipation in Deutschland. Grenzen politischer Gleichheit in der Bürgergesellschaft* (Arbeitspapier Nr. 1). Frankfurt a. M.: Otto-Brenner-Stiftung. http://www.otto-brenner-stiftung.de Zugegriffen: 10. März 2013.

Bogumil, J., & Jann, W. (2009). *Verwaltung und Verwaltungswissenschaft in Deutschland. Einführung in die Verwaltungswissenschaft* (2. Aufl.). Wiesbaden: VS Verlag.

Braun, D. (2004). Föderalismus. In L. Helms & U. Jun (Hrsg.), *Politische Theorie und Regierungslehre. Eine Einführung in die politikwissenschaftliche Institutionenforschung* (S. 130–162). Frankfurt a. M.: Campus.

Bundesrat. (2017). Die Arbeit des Bundesrates im Spiegel der Zahlen. Stand 22. November 2017. https://www.bundesrat.de/DE/dokumente/statistik/statistik-node.html. Zugegriffen: 13. Jan. 2020.

Burkhart, S. (2008). *Blockierte Politik. Ursachen und Folgen von „Divided Government" in Deutschland*. Frankfurt a. M.: Campus.

Burkhart, S., & Manow, P. (2006). *Was bringt die Föderalismusreform? Wahrscheinliche Effekte der geänderten Zustimmungspflicht* (MPIFG Working Paper 06/6). Köln: Max-Planck-Institut für Gesellschaftsforschung. http://www.mpifg.de/pu/workpap/wp06-6/wp06-6.html. Zugegriffen: 6. Okt. 2006.

Carstensen, C. (2020). Parlamentsrechtliche Entscheidungen von Landesverfassungsgerichten in Organstreitverfahren. In W. Reutter (Hrsg.), *Verfassungsgerichtsbarkeit in Bundesländern. Theoretische Perspektiven, methodische Überlegungen und empirische Befunde* (S. 237–262). Wiesbaden: Springer VS (i. D.).

Carstensen, F., & Schüttemeyer, S. S. (2015). Reden und Handeln! Zur Zukunft des Landesparlamentarismus. In Thüringer Landtag (Hrsg.), *Ein Vierteljahrhundert parlamentarische Demokratie. Der Thüringer Landtag 1990–2014* (S. 282–314). Weimar: Wartburg.

Decker, F. (2010). Parteien im politischen System der Bundesrepublik Deutschland. In A. Kost, W. Rellecke, & R. Weber (Hrsg.), *Parteien in den deutschen Ländern* (S. 71–99). München: Beck.

Decker, F., & von Blumenthal, J. (2002). Die bundespolitische Durchdringung von Landtagswahlen. Eine empirische Analyse von 1970 bis 2001. *Zeitschrift für Parlamentsfragen 33*(1), 144–165.

Detterbeck, K. (2019). Parteienwettbewerb und Bundesstaatlichkeit. Die Strukturbruch-These und der Wandel des deutschen Parteiensystems. In Europäisches Zentrum für Föderalismus-Forschung Tübingen (Hrsg.), *Jahrbuch des Föderalismus 2019. Föderalismus, Subsidiarität und Regionen in Europa* (S. 101–112). Baden-Baden: Nomos.

Detterbeck, K., & Renzsch, W. (2008). Symmetrien und Asymmetrien im bundesdeutschen Parteienwettbewerb. In U. Jun, M. Haas, & O. Niedermayer (Hrsg.), *Parteien und Parteiensysteme in den deutschen Ländern* (S. 39–56). Wiesbaden: VS Verlag.

Dombert, M. (2012). Landesverfassungen und Landesverfassungsgerichte in ihrer Bedeutung für den Föderalismus. In I. Härtel (Hrsg.), *Handbuch Föderalismus – Föderalismus als demokratische Rechtsordnung und Rechtskultur in Deutschland, Europa und der Welt* (S. 19–38). Berlin: Springer.

Duverger, M. (1959). *Die politischen Parteien*. Tübingen: Mohr Siebeck.

Eder, C., & Magin, R. (2008). Direkte Demokratie. In M. Freitag & A. Vatter (Hrsg.), *Die Demokratien der deutschen Bundesländer* (S. 257–308). Leverkusen: Budrich.

Eicher, H. (1988). *Der Machtverlust der Landesparlamente. Historischer Rückblick, Bestandsaufnahme, Reformansätze*. Berlin: Duncker & Humblot.

Eilfort, M. (2006). Landes-Parteien: Anders, nicht verschieden. In H. Schneider & H.-G. Wehling (Hrsg.), *Landespolitik in Deutschland. Grundlagen – Strukturen – Arbeitsfelder* (S. 207–224). Wiesbaden: VS Verlag.

Elster, J. (1994). Die Schaffung von Verfassungen: Analyse der allgemeinen Grundlagen. In U.K. Preuß (Hrsg.), *Zum Begriff der Verfassung. Die Ordnung des Politischen* (S. 37–57). Frankfurt a. M.: Fischer.

Eschenburg, T. (1964). Parlamentarische Regierung in den Ländern. In T. Eschenburg (Hrsg.), *Zur politischen Praxis in der Bundesrepublik. Kritische Betrachtungen 1957 bis 1961* (S. 223–227). München: Piper.

Faus, R., Mannewitz, T., Storks, S., Unzicker, K., & Vollmann, E. (2019). *Schwindendes Vertrauen in Politik und Parteien. Eine Gefahr für den gesellschaftlichen Zusammenhalt?* Gütersloh: Bertelsmann-Stiftung. http://www.gesellschaftlicher-zusammenhalt.de. Zugegriffen: 4. Dez. 2019.

Feldkamp, M. F. (Hrsg.). (1999). *Die Entstehung des Grundgesetzes für die Bundesrepublik Deutschland 1949. Eine Dokumentation*. Stuttgart: Philipp Reclam jun.

Flick, M. (2008). Landesverfassungen und ihre Veränderbarkeit. In M. Freitag & A. Vatter (Hrsg.), *Die Demokratien der deutschen Bundesländer. Politische Institutionen im Vergleich* (S. 221–236). Opladen: Budrich.

Flick, M. (2011). *Organstreitverfahren vor den Landesverfassungsgerichten. Eine politikwissenschaftliche Untersuchung.* Bern: Lang.
Fraenkel, E. (1991). *Deutschland und die westlichen Demokratien. Mit einem Nachwort über Leben und Werk Ernst Fraenkels.* Hrsg. von Alexander v. Brünneck. Frankfurt a. M.: Suhrkamp.
Freitag, M., & Vatter, A. (2008). Die Bundesländer zwischen Konsensus- und Mehrheitsdemokratie: Eine Verortung entlang ihrer politisch-institutionellen Konfigurationen. In M. Freitag & A. Vatter (Hrsg.), *Die Demokratien der deutschen Bundesländer. Politische Institutionen im Vergleich* (S. 309–328). Opladen: Budrich.
Gebauer, K.-E. (2006). Landesregierungen. In H. Schneider & H.-G. Wehling (Hrsg.), *Landespolitik in Deutschland. Grundlagen – Strukturen – Arbeitsfelder* (S. 130–147). Wiesbaden: VS Verlag.
Glaab, M. (2013). Direkte Demokratie in Bayern – Traditionslinien und aktuelle Tendenzen. In M. Glaab & M. Weigl (Hrsg.), *Politik und Regieren in Bayern* (S. 251–256). Wiesbaden: Springer VS.
Glaab, M. (2017). Der Verfassungsgerichtshof Rheinland-Pfalz. In W. Reutter (Hrsg.), *Landesverfassungsgerichte. Entwicklung – Aufbau – Funktionen* (S. 269–296). Wiesbaden: Springer VS.
Glaab, M., & Weigl, M. (2013). *Politik und Regieren in Bayern.* Wiesbaden: Springer VS.
Glaeßner, G.-J. (2006). *Politik in Deutschland* (2. Aufl.). Wiesbaden: VS Verlag.
Grasl, M. (2016). Neue Möglichkeiten: Die Bundes- und Europapolitik der Länder. In A. Hildebrandt & F. Wolf (Hrsg.), *Die Politik der Bundesländer. Zwischen Föderalismusreform und Schuldenbremse* (S. 161–181). Wiesbaden: Springer VS.
Grimm, D. (1994). *Die Zukunft der Verfassung* (2. Aufl.). Frankfurt a. M.: Suhrkamp.
Große-Hüttmann, M. (2019). Als Bundesstaat im EU-Mehrebenensystem: die „Koevolution" von Europäischer Union und deutschen Föderalismus seit 1949. In Europäisches Zentrum für Föderalismus-Forschung Tübingen (Hrsg.), *Jahrbuch des Föderalismus 2019. Föderalismus, Subsidiarität und Regionen in Europa* (S. 127–144). Baden-Baden: Nomos.
Grube, N. (2009). Nähe und Distanz: Föderale Einstellungen der Bevölkerung in 60 Jahren Bundesrepublik Deutschland. In Europäisches Zentrum für Föderalismus-Forschung Tübingen (Hrsg.), *Jahrbuch des Föderalismus 2009. Föderalismus, Subsidiarität und Regionen in Europa* (S. 149–160). Baden-Baden: Nomos.
Grundies, V. (2018). Regionale Unterschiede in der gerichtlichen Sanktionspraxis in der Bundesrepublik Deutschland. Eine empirische Analyse. In D. Hermann & A. Pöge (Hrsg.), *Kriminalsoziologie. Handbuch für Wissenschaft und Praxis* (S. 295–316). Baden-Baden: Nomos. https://doi.org/10.5771/9783845271842-458. Zugegriffen: 15. Nov. 2019.

Haas, M., Jun, U., & Niedermayer, O. (2008). Die Parteien und Parteiensysteme der Bundesländer. In U. Jun, M. Haas, & O. Niedermayer (Hrsg.), *Parteien und Parteiensysteme in den deutschen Ländern* (S. 9–38). Wiesbaden: VS Verlag.

Habermas, J. (1991). *Erläuterungen zur Diskurstheorie*. Frankfurt a. M.: Suhrkamp.

Habermas, J. (1993). *Strukturwandel der Öffentlichkeit. Untersuchungen zu einer Kategorie der bürgerlichen Gesellschaft* (3. Aufl.). Frankfurt a. M.: Suhrkamp.

Härtel, I. (2012). Die Gesetzgebungskompetenzen des Bundes und der Länder im Lichte des wohlgeordneten Rechts. In I. Härtel (Hrsg.), *Handbuch Föderalismus – Föderalismus als demokratische Rechtsordnung und Rechtskultur in Deutschland, Europa und der Welt. Bd. I: Grundlagen des Föderalismus und der deutsche Bundesstaat* (S. 527–610). Berlin: Springer.

Hartmann, J. (Hrsg.). (1997). *Handbuch der deutschen Bundesländer* (3. Aufl.). Frankfurt a. M.: Campus.

Helms, L. (1995). Parteiensysteme als Systemstruktur. Zur methodisch-analytischen Konzeption der funktional-vergleichenden Parteiensystemanalyse. *Zeitschrift für Parlamentsfragen, 26*(4), 642–657.

Helms, L. (2007a). Gerhard Lehmbruch, Parteienwettbewerb im Bundesstaat. Regelsysteme und Spannungslagen im Institutionengefüge der Bundesrepublik. In S. Kailitz (Hrsg.), *Schlüsselwerke der Politikwissenschaft* (S. 233–236). Wiesbaden: VS Verlag.

Helms, L. (2007b). *Die Institutionalisierung der liberalen Demokratie*. Frankfurt a. M.: Campus.

Helms, L., Eppler, A., & Willumsen, D.M. (2017). Is there a „German school" of comparative politics. An institutional perspective. *Zeitschrift für Vergleichende Politikwissenschaft, 11*(4), 533–556. https://doi.org/10.1007/s12286-017-0349-6. Zugegriffen: 15. Nov. 2019.

Hennis, W. (1968). Parlamentarische Opposition und Industriegesellschaft. Zur Lage des parlamentarischen Regierungssystems. In W. Hennis (Hrsg.), *Politik als praktische Wissenschaft. Aufsätze zur politischen Theorie und Regierungslehre* (S. 105–125). München: Piper.

Herzog, R. (1997). Aufbruch ins 21. Jahrhundert. Berliner Rede 1997 von Bundespräsident Roman Herzog. Hotel Adlon, Berlin, 26. April 1997. http://www.bundespraesident.de/SharedDocs/Reden/DE/Roman-Herzog/Reden/1997/04/19970426_Rede.html. Zugegriffen: 19. Dez. 2019.

Hesse, K. (1962). *Der unitarische Bundesstaat*. Karlsruhe: C.F. Müller.

Hesse, K. (1993). *Grundzüge des Verfassungsrechts der Bundesrepublik Deutschland* (19. Aufl.). Heidelberg: C.F. Müller.

Hesse, J. J., & Ellwein, T. (2012). *Das Regierungssystem der Bundesrepublik Deutschland* (10. Aufl.). Baden-Baden: Nomos.

Heußner, H. K., & Jung, O. (Hrsg.) (1999). *Mehr direkte Demokratie wagen. Volksbegehren und Volksentscheid. Geschichte – Praxis – Vorschläge.* München: Olzog.

Hildebrandt, A. (2016). Die Finanzpolitik der Länder nach den Föderalismusreformen: Begrenzte Spielräume, fortdauernde Unterschiede. In A. Hildebrandt & F. Wolf (Hrsg.), *Die Politik der Bundesländer. Zwischen Föderalismusreform und Schuldenbremse* (S. 115–138). Wiesbaden: Springer VS.

Hildebrandt, A., & Wolf, F. (2006a). Die Potenziale des Bundesländervergleichs. In A. Hildebrandt & F. Wolf (Hrsg.), *Die Politik der Bundesländer. Staatstätigkeit im Vergleich* (S. 11–20). Wiesbaden: VS Verlag.

Hildebrandt, A., & Wolf, F. (Hrsg.). (2006b). *Die Politik der Bundesländer. Staatstätigkeit im Vergleich.* Wiesbaden: VS Verlag.

Hildebrandt, A., & Wolf, F. (2016a). Die Politik in den Bundesländern unter reformierten institutionellen Rahmenbedingungen. In A. Hildebrandt & F. Wolf (Hrsg.), *Die Politik der Bundesländer. Zwischen Föderalismusreform und Schuldenbremse* (2. Aufl., S. 11–20). Wiesbaden: Springer VS.

Hildebrandt, A., & Wolf, F. (Hrsg.). (2016b). *Die Politik der Bundesländer. Zwischen Föderalismusreform und Schuldenbremse* (2. Aufl.). Wiesbaden: Springer VS.

Hölscheidt, S. (1995). Die Praxis der Verfassungsverabschiedung und der Verfassungsänderung in der Bundesrepublik. *Zeitschrift für Parlamentsfragen, 26*(1), 58–84.

Holtmann, E. (2007). Dehnungen der Gewaltenteilung im modernen Verfassungsstaat. Zum Gestaltwandel der Gewaltenteilung aus theoretischer und empirischer Sicht. In S. Kropp & H.-J. Lauth (Hrsg.), *Gewaltenteilung und Demokratie* (S. 110–120). Baden-Baden: Nomos.

Holtmann, E., & Patzelt, W. J. (Hrsg.). (2004). *Kampf der Gewalten. Parlamentarische Regierungskontrolle – Gouvernementale Parlamentskontrolle. Theorie und Empirie.* Wiesbaden: VS Verlag.

Holtmann, E., Rademacher, C., & Reiser, M. (2017). *Kommunalpolitik. Eine Einführung.* Wiesbaden: Springer VS.

Hough, D., & Jeffery, C. (2003). Landtagswahlen: Protestwahlen oder Regionalwahlen. *Zeitschrift für Parlamentsfragen, 34*(1), 79–94.

Hrbek, R. (2017). Die Rolle der Länder und des Bundesrates in der deutschen Europapolitik. In K. Böttger & M. Jopp (Hrsg.), *Handbuch zur deutschen Europapolitik* (S. 131–148). Bonn: Bundeszentrale für politische Bildung.

Hrbek, R. (2019). Die Konstituierung der Bundesrepublik Deutschland als Bundesstaat: Bestimmungsfaktoren und Entscheidungen 1945–1949. In Europäisches Zentrum für Föderalismus-Forschung Tübingen (Hrsg.), *Jahrbuch des Föderalismus 2019. Föderalismus, Subsidiarität und Regionen in Europa* (S. 39–52). Baden-Baden: Nomos.

Isensee, J. (1991). Abstimmen, ohne zu entscheiden? Ein Plebiszit über die Verfassung ist nicht vorgesehen und auch nicht wünschenswert. In B. Guggenberger & T. Stein (Hrsg.), *Die Verfassungsdiskussion im Jahr der deutschen Einheit. Analysen, Hintergründe, Materialien* (S. 214–219). München: Hanser.

Jellinek, G. (1914). *Allgemeine Staatslehre (= Recht des modernen Staates)* (3. Aufl., Bd. 1). Berlin: Digitalisat.

Jesse, E., Schubert, T., & Thieme, T. (2014). *Politik in Sachsen*. Wiesbaden: Springer VS.

Jun, U. (1993). Landesparlamente. In J. Bellers & R. Graf von Westphalen (Hrsg.), *Parlamentslehre. Das parlamentarische Regierungssystem im technischen Zeitalter* (S. 489–513). München: R. Oldenbourg.

Jun, U. (1994). *Koalitionsbildung in den deutschen Bundesländern. Theoretische Betrachtungen, Dokumentation und Analyse der Koalitionsbildungen auf Länderebene seit 1949*. Opladen: Leske + Budrich.

Jun, U. (2013). Typen und Funktionen von Parteien. In O. Niedermayer (Hrsg.), *Handbuch Parteienforschung* (S. 119–114). Wiesbaden: Springer VS.

Jun, U., Haas, M., & Niedermayer, O. (Hrsg.). (2008). *Parteien und Parteiensysteme in den deutschen Ländern*. Wiesbaden: VS Verlag.

Jung, O. (1994). *Grundgesetz und Volksentscheid*. Opladen: Westdeutscher Verlag.

Jung, O. (1997). Die Volksabstimmungen über die Länderfusion Berlin-Brandenburg: Was hat sich bewährt – Wer ist gescheitert? *Zeitschrift für Parlamentsfragen, 28*(1), 13–20.

Jung, O. (2012). Direkte Demokratie und Föderalismus. In I. Härtel (Hrsg.), *Handbuch Föderalismus – Föderalismus als demokratische Rechtsordnung und Rechtskultur in Deutschland, Europa und der Welt. Bd. II: Probleme, Reformen, Perspektiven des deutschen Föderalismus* (S. 223–248). Heidelberg: Springer.

Kaiser, A. (2012). Politiktheoretische Zugänge zum Föderalismus. In I. Härtel (Hrsg.), *Handbuch Föderalismus – Föderalismus als demokratische Rechtsordnung und Rechtskultur in Deutschland, Europa und der Welt. Bd. I: Grundlagen des Föderalismus und der deutsche Bundesstaat* (S. 165–178). Heidelberg: Springer.

Kelsen, H. (2008). *Wer soll Hüter der Verfassung sein* [zuerst: 1930/1931]? Hrsg. von Robert Chr. van Ooyen. Tübingen: Mohr Siebeck.

Ketelhut, J. (2017). Verfassungsgerichtsbarkeit im Zwei-Städte-Staat. Der Staatsgerichtshof der Freien Hansestadt Bremen. In W. Reutter (Hrsg.), *Landesverfassungsgerichte. Entwicklung – Aufbau – Funktionen* (S. 129–148). Wiesbaden: Springer VS.

Kirbach, R. (2002). Konsens beim Thema Kormorane. *Die Zeit*, Nr. 17 vom 18.4.2002. http://zeus.zeit.de/text/archiv/2002/17/200217_landtage.xml. Zugegriffen: 12. Jan. 2005.

Klatt, H. (2004). Reformbedürftiger Föderalismus in Deutschland? Beteiligungsföderalismus versus Konkurrenzföderalismus. In H.-G. Wehling (Hrsg.), *Die deutschen Länder. Geschichte, Politik, Wirtschaft* (3. Aufl., S. 9–16). Wiesbaden: VS Verlag.

Klecha, S. (2010). Minderheitsregierungen in Deutschland. Hrsg. von der Friedrich-Ebert-Stiftung. Hannover. http://library.fes.de/pdf-files/bueros/hannover/08122.pdf. Zugegriffen: 15. Mai 2013.

Kleßmann, C. (1991). *Die doppelte Staatsgründung. Deutsche Geschichte 1945–1955*. Bonn: Bundeszentrale für politische Bildung.

Koch-Baumgarten, S. (2017). Der Staatsgerichtshof in Hessen zwischen unitarischem Bundesstaat, Mehrebenensystem und Landespolitik. In W. Reutter (Hrsg.), *Landesverfassungsgerichte. Entwicklung – Aufbau – Funktionen* (S. 175–198). Wiesbaden: Springer VS.

Köcher, R. (2012). Föderalismus im Spiegel der Demoskopie. In I. Härtel (Hrsg.), *Handbuch Föderalismus – Föderalismus als demokratische Rechtsordnung und Rechtskultur in Deutschland, Europa und der Welt. Bd. III: Entfaltungsbereiche des Föderalismus* (S. 749–763). Berlin: Springer.

Kocka, J. (1999). Asymmetrical historical comparison: The case of the German *Sonderweg*. *History and Theory, 38*(1), 40–50.

Köhler, G. (1988). *Historisches Lexikon der deutschen Länder. Die deutschen Territorien vom Mittelalter bis zur Gegenwart*. München: Beck.

Köhler, H. (2005). Fernsehansprache von Bundespräsident Horst Köhler am 21. Juli 2005. http://www.bundespraesident.de/SharedDocs/Reden/DE/Horst-Koehler/Reden/2005/07/20050721_Rede_Anlage2.pdf?__blob=publicationFile&v=2. Zugegriffen: 10. Sept. 2019.

Korte, K.-R. (2003). *Wahlen in der Bundesrepublik Deutschland* (4. Aufl.). Bonn: Bundeszentrale für politische Bildung.

Kost, A. (Hrsg.). (2005). *Direkte Demokratie in den deutschen Ländern. Eine Einführung*. Wiesbaden: VS Verlag.

Kost, A., Rellecke, W., & Weber, R. (Hrsg.). (2010). *Parteien in den Bundesländern. Geschichte und Gegenwart*. München: Beck.

Kriele, M. (1994). *Einführung in die Staatslehre. Die geschichtlichen Legitimitätsgrundlagen des demokratischen Verfassungsstaates* (5. Aufl.). Opladen: Westdeutscher Verlag.

Kropp, S. (1997). Die Länder in der bundesstaatlichen Ordnung. In O. W. Gabriel & E. Holtmann (Hrsg.), *Handbuch des politischen Systems der Bundesrepublik Deutschland* (S. 247–288). München: Oldenbourg.

Kropp, S., (2001). *Regieren in Koalitionen. Handlungsmuster und Entscheidungsbildung in deutschen Länderregierungen*. Opladen: Westdeutscher Verlag.

Kropp, S. (2010). *Kooperativer Föderalismus und Politikverflechtung*. Wiesbaden: VS Verlag.

Kropp, S., & Sturm, R. (1998). *Koalitionen und Koalitionsvereinbarungen. Theorie, Analyse und Dokumentation*. Opladen: Westdeutscher Verlag.

Krumm, T. (2015). *Föderale Staaten im Vergleich. Eine Einführung*. Wiesbaden: Springer VS.

Laakso, M., & Taagepera, R. (1979). „Effective" number of parties. A measure with application to West Europe. *Comparative Political Studies, 12*(1), 3–27.

Landtag Brandenburg. (2010). *Namen – Daten – Fakten. 5. Wahlperiode. 2009–2014*. Potsdam: Landtag Brandenburg.

Laufer, H., & Münch, U. (2010). *Das föderale System der Bundesrepublik Deutschland* (8. Aufl.). München: Bayerische Landeszentrale für politische Bildungsarbeit.

Lehmbruch, G. (2000). *Parteienwettbewerb im Bundesstaat. Regelsysteme und Spannungslagen im politischen System der Bundesrepublik Deutschland* (3. Aufl.). Opladen: Westdeutscher Verlag.

Lempp, J. (2010). Berlin – Die Parteien im „wiedervereinigten Bundesland". In A. Kost, W. Rellecke & R. Weber (Hrsg.), *Parteien in den deutschen Ländern. Geschichte und Gegenwart* (S. 161–173). München: Beck.

Leonhard, W. (1966). *Die Revolution entläßt ihre Kinder* (8. Aufl.). Frankfurt a. M.: Ullstein.

Leunig, S. (2012). *Die Regierungssysteme der deutschen Länder im Vergleich* (2. Aufl.). Wiesbaden: Springer VS.

Leunig, S. (2017). Die Landesregierung von Sachsen-Anhalt: Aufgaben und Strukturen des politischen Machtzentrums. In H. Träger & S. Priebus (Hrsg.), *Politik und Regieren in Sachsen-Anhalt* (S. 125–144). Wiesbaden: Springer VS. https://doi.org/10.1007/978-3-658-13689-5_9. Zugegriffen: 10. Dez. 2019.

Leunig, S., & Reutter, W. (2012). Länder und Landesparlamente im föderalen System der Bundesrepublik Deutschland. In I. Härtel (Hrsg.), *Handbuch Föderalismus – Föderalismus als demokratische Rechtsordnung und Rechtskultur in Deutschland, Europa und der Welt. Bd. I: Grundlagen des Föderalismus und der deutsche Bundesstaat* (S. 743–766). Heidelberg: Springer.

Leunig, S., & Träger, H. (Hrsg.). (2012). *Parteipolitik und Landesinteressen. Der deutsche Bundesrat 1949–2009*. Berlin: LIT.

Ley, R. (2010). Die Wahl der Ministerpräsidenten in den Bundesländern. *Zeitschrift für Parlamentsfragen, 41*(2), 390–420.

Ley, R. (2015). Die Wahl von Ministerpräsidenten ohne Landtagsmandat. Fallbeispiele und Überlegungen zur geplanten Verfassungsänderung in NRW. *Zeitschrift für Parlamentsfragen, 46*(1), 100–116.

Ley, R. (2016). Wahl der Ministerpräsidenten von Mecklenburg-Vorpommernm, Brandenburg, Sachsen-Anhalt, Sachsen und Thüringen von 1990 bis 2015. *Zeitschrift für Parlamentsfragen 47*(3), 573–606.

Lijphart, A. (1999). *Patterns of democracy. Government forms and performance in thirty-six countries*. New Haven: Yale University Press.

Lincoln, A. (1994). *Gettysburg address: 19. November 1863. Mit einem Essay von Ekkehart Krippendorff*. Hamburg: Europäische Verlagsanstalt.

Lorenz, A. (2016). Freiwillige Souveränitätsabgabe? Kooperation und Fusion von Brandenburg und Berlin. In A. Lorenz, A. Anter & W. Reutter (Hrsg.), *Politik in Brandenburg* (S. 227–446). Wiesbaden: Springer VS.

Lorenz, A., & Reutter, W. (2013). Subconstitutionalism in a Multilayered System. A Comparative Analysis of Constitutional Politics in the German Länder. *Perspectives on Federalism, 4*(2), 141–170. http://www.onfederalism.eu/attachments/141_download.pdf. Zugegriffen: 19. Dez. 2019.

Lorenz, A., Anter, A., & Reutter, W. (2016). *Politik in Brandenburg.* Wiesbaden: Springer VS.

Marschall, S. (1999). *Öffentlichkeit und Volksvertretung. Theorie und Praxis der Public Relations von Parlamenten.* Opladen: Westdeutscher Verlag.

Marschall, S. (2005). *Parlamentarismus. Eine Einführung.* Baden-Baden: Nomos.

März, P. (2006). Ministerpräsidenten. In H. Schneider & H.-G. Wehling (Hrsg.), *Landespolitik in Deutschland. Grundlagen – Strukturen – Arbeitsfelder* (S. 148–184). Wiesbaden: VS Verlag.

Massing, P. (1990). Berlin. In F. Esche & J. Hartmann (Hrsg.), *Handbuch der deutschen Bundesländer* (S. 133–170). Frankfurt a. M.: Campus.

Merkel, W. (2011). Volksabstimmungen: Illusion und Realität. *Aus Politik und Zeitgeschichte, 61*(44–45), 47–55.

Merkel, W. (2019). „Demokratie wird zur Sache der Bessergestellten" (Interview). *Tagesspiegel* vom 18. November 2019. https://www.tagesspiegel.de/politik/die-spd-und-das-risiko-volksentscheid-demokratie-wird-zur-sache-der-bessergestellten/25238366.html. Zugegriffen: 21. Nov. 2019.

Merkel, W., & Petring, A. (2011). Demokratie in Deutschland 2011. Ein Report der Friedrich-Ebert-Stiftung. Partizipation und Inklusion. http://www.demokratie-deutschland-2011.de/common/pdf/Partizipation_und_Inklusion.pdf. Zugegriffen: 10. März 2013.

Möllers, C. (2008). *Die drei Gewalten. Legitimation der Gewaltengliederung in Verfassungsstaat, Europäischer Integration und Internationalisierung.* Weilerswist: Velbrück.

Montesquieu, Charles-Louis de Secondat, Baron de la Brède et de. (1979). *De l'esprit des lois 1* [1748]. Chronologie, introduction, bibliographie par Victor Goldschmidt, Paris: Flammarion.

Montesquieu, Charles-Louis de Secondat, Baron de la Brède et de. (1994). *Vom Geist der Gesetze.* Auswahl, Übersetzung und Einleitung von Kurt Weigand. Stuttgart: Philipp Reclam jun.

Möstl, M. (2005). Landesverfassungsrecht – Zum Schattendasein verurteilt? Eine Positionsbestimmung im bundesstaatlichen und supranationalen Verfassungsverbund. *Archiv des öffentlichen Rechts, 130*(3), 350–391.

Münch, U. (2011). Die Initiativtätigkeit des Bundesrates im Wandel der Zeit. In S. Leunig & U. Jun (Hrsg.), *60 Jahre Bundesrat* (S. 88–105). Baden-Baden: Nomos.

Münch, U. (2012). Politikwissenschaftliche Dimensionen von Entwicklung und Stand des bundesdeutschen Föderalismus. In I. Härtel (Hrsg.), *Handbuch Föderalismus – Föderalismus als demokratische Rechtsordnung und Rechtskultur in Deutschland, Europa und der Welt. Bd. I: Grundlagen des Föderalismus und der deutsche Bundesstaat* (S. 179–196). Heidelberg: Springer.

Münch, U. (2019). Die unterlaufenen Föderalismusreformen in Deutschland. In Europäisches Zentrum für Föderalismus-Forschung Tübingen (Hrsg.), *Jahrbuch des Föderalismus 2019. Föderalismus, Subsidiarität und Regionen in Europa* (S. 53–66). Baden-Baden: Nomos.

Neumann, H. (2000). *Die Niedersächsische Verfassung. Handkommentar* (3. Aufl.). Stuttgart: Boorberg.

Niclauß, K. (1998). *Der Weg zum Grundgesetz. Demokratiegründung in Westdeutschland.* Paderborn: Schöningh.

Niedermayer, O. (1996). Zur systematischen Analyse der Entwicklung von Parteiensystemen. In O. W. Gabriel & J. W. Falter (Hrsg.), *Wahlen und politische Einstellungen in westlichen Demokratien* (S. 19–49). Frankfurt a. M.: Peter Lang.

Niedermayer, O. (1997). Das gesamtdeutsche Parteiensystem. In: O. W. Gabriel, O. Niedermayer, & R. Stöss (Hrsg.), *Parteiendemokratie in Deutschland* (S. 106–130). Bonn: Bundeszentrale für politische Bildung.

Niedermayer, O. (2013a). Die Analyse einzelner Parteien. In O. Niedermayer (Hrsg.), *Handbuch Parteienforschung* (S. 61–82). Wiesbaden: Springer VS.

Niedermayer, O. (2013b). Die Analyse von Parteisystemen. In O. Niedermayer (Hrsg.), *Handbuch Parteienforschung* (S. 83–118). Wiesbaden: Springer VS.

Niedermayer, O. (2013c). Die Parteiensysteme der Bundesländer. In O. Niedermayer (Hrsg.), *Handbuch Parteienforschung* (S. 765–790). Wiesbaden: Springer VS.

Niedermayer, O. (2013d). Parteimitgliedschaften. In O. Niedermayer (Hrsg.), *Handbuch Parteienforschung* (S. 147–177). Wiesbaden: Springer VS.

Niedermayer, O. (2015). Die brandenburgische Landtagswahl vom 14. September 2014: Die Linke wird abgestraft, bleibt aber Regierungspartei. *Zeitschrift für Parlamentsfragen, 46*(1), 21–38.

Niedermayer, O. (2019). Parteimitgliedschaften im Jahre 2018. *Zeitschrift für Parlamentsfragen, 50*(2), 385–410.

Nohlen, D. (2000). *Wahlrecht und Parteiensystem* (3. Aufl.). Opladen: Leske + Budrich (utb).

Oberreuter, H. (1992a). Gesetzgebungsverfahren. In M. G. Schmidt (Hrsg.), *Lexikon der Politik. Bd. 3: Die westlichen Länder* (S. 121–129). München: C.H. Beck.

Oberreuter, H. (1992b). Gewaltenteilung. In M. G. Schmidt (Hrsg.), *Lexikon der Politik. Bd. 3: Die westlichen Länder* (S. 135–142). München: C.H. Beck.

Oberreuter, H. (1996). Was nicht in den Medien ist, ist nicht Wirklichkeit. Parlamente – Foren politischer Öffentlichkeit? In H. Oberreuter (Hrsg.), *Parlamentarische Konkurrenz? Landtag – Bundestag – Europaparlament.* Colloquium II der Akademie für Politische Bildung Tutzing am 8. Februar 1996 in Bayreuth. Der Landtag als Forum der politischen Öffentlichkeit. Colloquium III der Akademie für Politische Bildung Tutzing am 25. April 1996 in Regensburg (S. 105–120). München.

Obrecht, M., & Haas, T. (2012). Der Landtag von Baden-Württemberg. In S. Mielke & W. Reutter (Hrsg.), Landesparlamentarismus. Geschichte – Struktur – Funktionen (S. 67–104). Wiesbaden: VS Verlag.

Parlamentarischer Rat. (1974–1997). *Der Parlamentarische Rat 1948– 1949. Akten und Protokolle.* Hrsg. vom Deutschen Bundestag und vom Bundesarchiv (Bd. 14). Boppart am Rhein: Harald Boldt Verlag.

Patzelt, W. J. (1995). *Abgeordnete und ihr Beruf. Interviews – Umfragen – Analysen.* Berlin: Akademie-Verlag.

Patzelt, W. J. (1996). Deutschlands Abgeordnete: Profil eines Berufsstandes, der weit besser ist als sein Ruf. *Zeitschrift für Parlamentsfragen, 27*(3), 463–502.

Patzelt, W. J. (1998). Ein latenter Verfassungskonflikt? Die Deutschen und ihr parlamentarisches Regierungssystem. *Politische Vierteljahresschrift, 39*(4), 725–727.

Patzelt, W. J. (1998). Wider das Gerede vom „Fraktionszwang"! Funktionslogische Zusammenhänge, populäre Vermutungen und die Sicht der Abgeordneten. *Zeitschrift für Parlamentsfragen, 29*(2), 324–346.

Patzelt, W. J. (2006). Länderparlamentarismus. In H. Schneider & H.-G. Wehling (Hrsg.), *Landespolitik in Deutschland. Grundlagen – Strukturen – Arbeitsfelder* (S. 108–129). Wiesbaden: VS Verlag.

Pestalozza, C. (2014a). Einführung. In C. Pestalozza (Hrsg.), *Verfassungen der deutschen Bundesländer mit dem Grundgesetz* (10. Aufl., S. XVII– CXLVII). München: C.H. Beck.

Pestalozza, C. (Hrsg.). (2014b). *Verfassungen der deutschen Bundesländer mit dem Grundgesetz* (10. Aufl.). München: C.H. Beck.

Petersen, T. (2019). Die Einstellung der Deutschen zum Föderalismus. In Europäisches Zentrum für Föderalismus-Forschung Tübingen (Hrsg.), *Jahrbuch des Föderalismus 2019. Föderalismus, Subsidiarität und Regionen in Europa* (S. 113–126). Baden-Baden: Nomos.

Petersen, T., Scheller, H., & Wintermann, O. (2008). Public attitudes towards German Federalism: A point of departure for a reform of German (Fiscal) Federalism? Differences between public opinion and the political debate. *German Politics, 17*(4), 559–586. https://doi.org/10.1080/09644000802501638.

Pfetsch, F. R. (1985). *Verfassungspolitik der Nachkriegszeit. Theorie und Praxis des bundesdeutschen Konstitutionalismus.* Darmstadt: Wissenschaftliche Buchgesellschaft.

Pfetsch, F. R. (1990). *Ursprünge der Zweiten Republik. Prozesse der Verfassungsgebung in den Westzonen und in der Bundesrepublik.* Opladen: Westdeutscher Verlag.

Plöhn, J. (2020). Landesverfassungsgerichte und Landtagswahlen: Wahlrecht „ad libitum" oder unter „strict scrutiny"? In W. Reutter (Hrsg.), *Verfassungsgerichtsbarkeit in Bundesländern. Theoretische Perspektiven, methodische Überlegungen und empirische Befunde* (S. 289–322). Wiesbaden: Springer VS (i. D.).

Plöhn, J., & Barz, A. (1990). Saarland. In F. Esche & J. Hartmann (Hrsg.), *Handbuch der deutschen Bundesländer* (S. 383–416). Frankfurt a. M.: Campus.

Ragnitz, J., & Thum, M (2019). Gleichwertig, nicht gleich. Zur Debatte um die „Gleichwertigkeit der Lebensverhältnisse. *Aus Politik und Zeitgeschichte, 69*(46), 13–18.

Rehmet, F. (2019). *Volksbegehrensbericht 2019. Direkte Demokratie in den deutschen Ländern 1946 bis 2018 von Mehr Demokratie e. V.* Berlin: Mehr Demokratie. https://www.mehr-demokratie.de/fileadmin/pdf/Volksbegehrensbericht_2019.pdf. Zugegriffen: 27. Nov. 2019.

Reichart-Dreyer, I. (2008). Das Parteiensystem Berlins. In U. Jun, M. Haas & O. Niedermayer (Hrsg.), *Parteien und Parteiensysteme in den deutschen Ländern* (S. 147–166). Wiesbaden: VS Verlag.

Reiser, M. et al. (2019). Politische Kultur im Freistaat Thüringen. Gesundheit und Pflege in Thüringen. Ergebnisse des Thüringen-Monitors 2019. Jena. https://www.landesregierung-thueringen.de/fileadmin/user_upload/Landesregierung/Landesregierung/Thueringenmonitor/Thueringen-Monitor_2019_mit_Anhang.pdf. Zugegriffen: 5. Dez. 2019.

Renner, V. (1958). Entstehung und Aufbau des Landes Baden-Württemberg. *Jahrbuch des öffentlichen Rechts der Gegenwart* (N. F), 7, 197–233.

Renzsch, W. (2000). Bundesstaat oder Parteienstaat: Überlegungen zu Entscheidungsprozessen im Spannungsfeld von föderaler Konsensbildung und parlamentarischem Wettbewerb in Deutschland. In W. Holtmann & H. Voelzkow (Hrsg.), *Zwischen Wettbewerbs- und Verhandlungsdemokratie. Analysen zum Regierungssystem der Bundesrepublik Deutschland* (S. 53–78). Opladen: Westdeutscher Verlag.

Reus, I., & Vogel, S. (2018). Policy-Vielfalt zwischen den Bundesländern nach der Föderalismusreform I: Art, Ausmaß und Akteure. *Zeitschrift für Vergleichende Politikwissenschaft 12*(4), 621–642.

Reutter, W. (2005). Vertrauensfrage und Parlamentsauflösung. Anmerkungen zur verfassungspolitischen Debatte und zur Verfassungspraxis in den Ländern. *Politische Vierteljahresschrift, 46*(4), 655–673.

Reutter, W. (2006a). Föderalismusreform und Gesetzgebung. *Zeitschrift für Politikwissenschaft, 16*(4), 1249–1274.

Reutter, W. (2006b). Regieren nach der Föderalismusreform. *Aus Politik und Zeitgeschichte, 50*, 12–17.

Reutter, W. (2008). *Föderalismus, Parlamentarismus und Demokratie. Landesparlamente im Bundesstaat*. Opladen: Budrich (utb).

Reutter, W. (2012). Das Abgeordnetenhaus von Berlin: Ein Stadtstaatenparlament im Bundesstaat. In S. Mielke & W. Reutter (Hrsg.), *Landesparlamentarismus. Geschichte – Struktur – Funktionen* (2. Aufl., S. 143–146). Wiesbaden: VS Verlag.

Reutter, W. (2013). *Zur Zukunft des Landesparlamentarismus. Der Landtag Nordrhein-Westfalen im Bundesländervergleich*. Wiesbaden: Springer VS.

Reutter, W. (2016a). Vizepräsidenten in Landesparlamenten. Eine Bestandsaufnahme aus Anlass einer Verfassungsänderung in Brandenburg. *Zeitschrift für Parlamentsfragen 47*(3), 607–618.
Reutter, W. (2016b). Wahlen und Parteien in Brandenburg. In A. Lorenz, A. Anter, & W. Reutter (Hrsg.), *Politik und Regieren in Brandenburg* (S. 59–72). Wiesbaden: Springer VS.
Reutter, W. (2017a). Landesparlamente im unitarischen Bundesstaat: „Machtlosigkeit" und „unheilige Allianz". *Österreichische Zeitschrift für Politikwissenschaft 46*(4), 1–15. https://doi.org/10.15203/ozp.2390.vol46iss4.
Reutter, W. (2017b). Landesverfassungsgerichte in der Bundesrepublik Deutschland – Eine politikwissenschaftliche Bestandsaufnahme. In W. Reutter (Hrsg.), *Landesverfassungsgerichte in der Bundesrepublik Deutschland. Entwicklung – Aufbau – Funktionen* (S. 21–48). Wiesbaden: Springer VS.
Reutter, W. (2017c). Der Verfassungsgerichtshof des Landes Berlin. In W. Reutter (Hrsg.), *Landesverfassungsgerichte in der Bundesrepublik Deutschland. Entwicklung – Aufbau – Funktionen* (S. 77–104). Wiesbaden: Springer VS.
Reutter, W. (2018a). Landesverfassungsgerichte: „Föderaler Zopf" oder „Vollendung des Rechtsstaates"? *Recht und Politik 54*(2), 195–207.
Reutter, W. (2018b). *Verfassungspolitik in Bundesländern. Vielfalt in der Einheit*. Wiesbaden: Springer VS.
Reutter, W. (2020a). Zum Status der Landesverfassungsgerichte als Verfassungsorgane. In W. Reutter (Hrsg.). *Verfassungsgerichtsbarkeit in Bundesländern. Theoretische Perspektiven, methodische Überlegungen und empirische Befunde* (S. 155–174). Wiesbaden: Springer VS (i. D.).
Reutter, W. (2020b). Verfassungsrichterinnen und Verfassungsrichter: zur personalen Dimension der Landesverfassungsgerichtsbarkeit. In W. Reutter (Hrsg.). *Verfassungsgerichtsbarkeit in Bundesländern. Theoretische Perspektiven, methodische Überlegungen und empirische Befunde* (S. 203–233). Wiesbaden: Springer VS (i. D.).
Reutter, W. (Hrsg.). (2020c). *Verfassungsgerichtsbarkeit in Bundesländern. Theoretische Perspektiven, methodische Überlegungen und empirische Befunde*. Wiesbaden: Springer VS.
Rütters, P. (2012). Landesparlamentarismus – Saarland. In S. Mielke & W. Reutter (Hrsg.), *Landesparlamentarismus. Geschichte – Struktur – Funktionen* (2. Aufl., S. 471–508). Wiesbaden: VS Verlag.
Rytlewski, R. (1999). Berliner Politik: Zwischen Kiez und Stadtstaat. In W. Süß & R. Rytlewski (Hrsg.), *Berlin. Die Hauptstadt* (S. 295–329). Bonn: Bundeszentrale für politische Bildung.
Sachsen-Monitor. (2018). Sachsen-Monitor 2018. Ergebnisbericht. https://www.staatsregierung.sachsen.de/download/ergebnisbericht-sachsen-monitor-2018.pdf. Zugegriffen: 20. Nov. 2019.

Scharpf, F. W. (1985). Die Politikverflechtungsfalle: Europäische Integration und deutscher Föderalismus im Vergleich. *Politische Vierteljahresschrift 26*(4), 323–356.

Scharpf, F. W. (2009). *Föderalismusreform. Kein Ausweg aus der Politikverflechtungsfalle?* Frankfurt a. M.: Campus.

Scharpf, F. W., Reissert, B., & Schnabel, F. (1976). *Politikverflechtung. Theorie und Empirie des kooperativen Föderalismus in der Bundesrepublik.* Königstein: Scriptor.

Scheller, H. (2016). Der föderalismustheoretische Diskurs in der Bundesrepublik – Zwischen Pfadabhängigkeit und normativer Verselbständigung. In E. M. Hausteiner (Hrsg.), *Föderalismus. Modelle jenseits des Staates* (S. 51–78). Baden-Baden: Nomos.

Schmidt, M. G. (1980). *CDU und SPD an der Regierung. Ein Vergleich ihrer Politik in den Ländern.* Frankfurt a. M.: Campus.

Schmidt, M. G. (1987). West Germany: The politics of the middle way. *Journal of Public Policy 7*(2), 139–177.

Schmidt, M. G. (1990). Die Politik des mittleren Weges. Besonderheiten der Staatstätigkeit in der Bundesrepublik Deutschland. *Aus Politik und Zeitgeschichte* B9–10, 23–31.

Schmidt, M. G. (2000). *Demokratietheorien. Eine Einführung* (3. Aufl.). Opladen: Leske + Budrich.

Schmidt, M. G. (2011). *Das politische System Deutschlands. Institutionen, Willensbildung und Politikfelder.* München: C.H. Beck.

Schmidt, T. I. (2012). Der Bundesrat. Geschichte, Struktur, Funktion. In I. Härtel (Hrsg.), *Handbuch Föderalismus – Föderalismus als demokratische Rechtsordnung und Rechtskultur in Deutschland, Europa und der Welt. Bd. I:* Grundlagen des Föderalismus und der deutsche Bundesstaat (S. 651–690). Berlin: Springer.

Schmidt-Jortzig, E. (2012). „Abweichungsgesetzgebung" als neues Kompetenzverteilungsinstrument zwischen den Gliederungsebenen des deutschen Bundesstaates. In I. Härtel (Hrsg.), *Handbuch Föderalismus – Föderalismus als demokratische Rechtsordnung und Rechtskultur in Deutschland, Europa und der Welt. Bd. I: Grundlagen des Föderalismus und der deutsche Bundesstaat* (S. 611–626). Berlin: Springer.

Schmitt, C. (1988). *Die geistesgeschichtliche Lage des heutigen Parlamentarismus* [zuerst 1923] (8. Aufl.). Berlin: Duncker & Humblot.

Schneider, H. (1990). Baden-Württemberg. In F. Esche & J. Hartmann (Hrsg.), *Handbuch der deutschen Bundesländer* (S. 53–90). Frankfurt a. M.: Campus.

Schneider, H. (1997). Parteien in der Landespolitik. In O. W. Gabriel, O. Niedermayer & R. Stöss (Hrsg.), *Parteiendemokratie in Deutschland* (S. 407–426). Bonn: Bundeszentrale für politische Bildung.

Schneider, H. (2001). *Ministerpräsidenten. Profil eines politischen Amtes im deutschen Föderalismus.* Opladen: Leske + Budrich.

Schneider, H., & Wehling, H.-G. (Hrsg.). (2006). *Landespolitik in Deutschland*. Wiesbaden: VS Verlag.

Schniewind, A. (2008a). Parteiensysteme. In A. Freitag & A. Vatter (Hrsg.), *Die Demokratien der deutschen Bundesländer* (S. 63–110). Opladen: Budrich.

Schniewind, A. (2008b). Regierungen. In A. Freitag & A. Vatter (Hrsg.), *Die Demokratien der deutschen Bundesländer* (S. 111–160). Opladen: Budrich.

Schniewind, A. (2012). *Die Parteiensysteme der Bundesländer im Vergleich: Bestandsaufnahme und Entwicklungen*. Berlin: Lit.

Schüttemeyer, S. S. (1995). Repräsentation. In D. Nohlen & R.-O. Schultze (Hrsg.), *Lexikon der Politik. Bd. 5: Politische Theorien* (S. 543–552). München: C.H. Beck.

Schüttemeyer, S. S., Kolkmann, M., Lübker, M., et al. (1999). *Die Abgeordneten des Brandenburgischen Landtages: Alltag für die Bürger*. Potsdam: Landeszentrale für die politische Bildung.

Schwarz, K.-A. (2012). Länderneugliederungen – Ein Beitrag zur Reform der bundesstaatlichen Ordnung? In I. Härtel (Hrsg.), *Handbuch Föderalismus – Föderalismus als demokratische Rechtsordnung und Rechtskultur in Deutschland, Europa und der Welt. Bd. I: Grundlagen des Föderalismus und der deutsche Bundesstaat* (S. 593–607). Heidelberg: Springer.

Schwarzmeier, M. (2001). *Parlamentarische Mitsteuerung. Strukturen und Prozesse informalen Einflusses des Bundestages*. Opladen: Westdeutscher Verlag.

Simon, D. (2004). Rechtsverständlichkeit. In K. D. Lerch (Hrsg.), *Recht verstehen. Verständlichkeit, Missverständlichkeit und Unverständlichkeit von Recht* (S. 405–412). Berlin: De Gruyter.

Sörgel, W. (1985). *Konsensus und Interessen. Eine Studie zur Entstehung des Grundgesetzes*. Opladen: Leske + Budrich.

Sontheimer, K., Bleek, W., & Gawrich, A. (2007). *Grundzüge des politischen System Deutschlands. Völlig überarbeitete Neuausgabe*. München: Piper.

Statistische Ämter der Länder. (2019). Volkswirtschaftliche Gesamtrechnungen der Länder. Gesamtwirtschaftliche Ergebnisse im Bundesländervergleich. Stuttgart: Statistisches Landesamt Baden-Württemberg. http://www.vgrdl.de. Zugegriffen: 22.Nov. 2019.

Statistisches Bundesamt. (2018). Anzahl der Beschäftigten im öffentlichen Dienst in Deutschland nach Bundesländern am 30. Juni 2017. Statista. Statista GmbH. https://de.statista.com/statistik/daten/studie/36870/umfrage/oeffentlicher-dienst—beschaeftigte-nach-bundeslaendern/. Zugegriffen: 15. Dez. 2019.

Statistisches Bundesamt. (2019a). Ausländische Bevölkerung nach Bundesländern. https://www.destatis.de/DE/Themen/Gesellschaft-Umwelt/Bevoelkerung/Migration-Integration/Tabellen/auslaendische-bevoelkerung-bundeslaender.html. Zugegriffen: 26. Nov. 2019.

Statistisches Bundesamt. (2019b). Bevölkerung – Einwohnerzahl der Bundesländer in Deutschland am 31. Dezember 2018. https://de.statista.com/statistik/daten/studie/71085/umfrage/verteilung-der-einwohnerzahl-nach-bundeslaendern/. Zugegriffen:13. Jan. 2020.

Statistisches Bundesamt (Statista). (2019c). Religionszugehörigkeit der Deutschen nach Bundesländern im Jahr 2011. https://de.statista.com/statistik/daten/studie/201622/umfrage/religionszugehoerigkeit-der-deutschen-nach-bundeslaendern/. Zugegriffen: 20. Jan. 2020.

Statistisches Bundesamt (Destatis). (2019d). Statistisches Jahrbuch. Deutschland und Internationales. http://www.destatis.de/jahrbuch. Zugegriffen: 15. Dez. 2019.

Statistisches Landesamt Berlin. (2006 ff.). *Wahlen in Berlin 2006, 2011 und 2016. Bericht vom Landeswahlleiter bzw. der Landeswahlleiterin.* Berlin: Statistisches Landesamt. https://www.berlin.de/wahlen/historie/berliner-wahlen/artikel.778846.php. Zugegriffen: 2. Dez. 2019.

Statusbericht. (1957). Der Status des Bundesverfassungsgerichts. Material – Gutachten, Denkschriften und Stellungnahmen mit einer Einleitung von Gerhard Leibholz. *Jahrbuch des öffentlichen Rechts der Gegenwart 6*, 109–221.

Steffani, W. (1979). *Parlamentarische und präsidentielle Demokratie. Strukturelle Aspekte westlicher Demokratien*. Opladen: Westdeutscher Verlag.

Steffani, W. (1990). Bund und Länder in der Bundesrepublik Deutschland. In F. Esche & J. Hartmann (Hrsg.), *Handbuch der deutschen Bundesländer* (S. 37–52). Frankfurt a. M.: Campus.

Steffani, W. (1999). Der parlamentarische Bundesstaat als Demokratie. *Zeitschrift für Parlamentsfragen 30*(4), 980–998.

Steinberg, R. (1992). Organisation und Verfahren bei der Verfassungsgebung in den Neuen Bundesländern. *Zeitschrift für Parlamentsfragen 23*(3), 497–516.

Stiens, A. (1997). *Chancen und Grenzen der Landesverfassungen im deutschen Bundesstaat der Gegenwart*. Berlin: Duncker & Humblot.

Sturm, R. (2001). *Föderalismus in Deutschland. Beiträge zur Politik und Zeitgeschichte*. Berlin: Landeszentrale für politische Bildungsarbeit.

Sturm, R. (2011). Verfassungsrechtliche Schuldenbremsen im Föderalismus. *Zeitschrift für Parlamentsfragen 46*(3), 648–662.

Sturm, R. (2012). Zweite Kammern in Deutschland und Europa: Repräsentation, Funktion, Bedeutung. In I. Härtel (Hrsg.), *Handbuch Föderalismus – Föderalismus als demokratische Rechtsordnung und Rechtskultur in Deutschland, Europa und der Welt. Bd. I: Grundlagen des Föderalismus und der deutsche Bundesstaat* (S. 723–742). Heidelberg: Springer.

Sturm, R. (2015). *Der deutsche Föderalismus. Grundlagen – Reformen – Perspektiven*. Baden-Baden: Nomos.

Sturm, R., & Pehle, J. (2012). *Das neue deutsche Regierungssystem. Die Europäisierung von Institutionen, Entscheidungsprozessen und Politikfeldern in der Bundesrepublik Deutschland* (3. Aufl.). Wiesbaden: Springer VS.
Thaysen, U., (2005). Landesparlamentarismus zwischen deutschem Verbundföderalismus und europäischem Staatenverbund: Lage und Leistung 1990–2005. In Thüringer Landtag (Hrsg.), *Der Thüringer Landtag und seine Abgeordneten 1990-2005. Studien zu 15 Jahren Landesparlamentarismus* (S. 19–68). Weimar: hain Wissenschaft.
Töller, A. E., & Roßegger, U. (2018). Auswirkungen der Abweichungskompetenz der Länder. Methodische Überlegungen und erste Resultate am Beispiel des Naturschutzrechts. *Zeitschrift für Vergleichende Politikwissenschaft, 12*(4), 663–682.
Träger, H., & Priebus, S. (Hrsg.). (2017). *Politik und Regieren in Sachsen-Anhalt*. Wiesbaden: Springer VS.
Vogel, H.-J. (1995). Die bundesstaatliche Ordnung des Grundgesetzes. In E. Benda, W. Maihofer & H.-J. Vogel (Hrsg.), *Handbuch des Verfassungsrechts. Teil 2* (2. Aufl., S. 1041–1102). Berlin: De Gruyter.
Wehling, H.-G. (2004a). Baden-Württemberg. Nach Gestalt und Traditionen von großer Vielfalt. In. H.-G. Wehling (Hrsg.), *Die deutschen Länder. Geschichte, Politik, Wirtschaft* (3. Aufl., S. 17–34). Opladen: Leske + Budrich.
Wehling, H.-G. (2004b). *Die deutschen Länder. Geschichte, Politik, Wirtschaft* (3. Aufl.). Opladen: Leske + Budrich.
Wehling, H.-G. (2006). Landespolitik und Länderpolitik im föderalistischen System Deutschlands – Zur Einführung. In H. Schneider & H.-G. Wehling (Hrsg.), *Landespolitik in Deutschland. Grundlagen – Strukturen – Arbeitsfelder* (S. 7–21). Wiesbaden: VS Verlag.
Weichlein, S. (2019). *Föderalismus und Demokratie in der Bundesrepublik*. Stuttgart: Kohlhammer.
Weigl, M. (2017). Der Bayerische Verfassungsgerichtshof. In W. Reutter (Hrsg.), *Landesverfassungsgerichte. Entwicklung – Aufbau – Funktionen* (S. 53–76). Wiesbaden: Springer VS.
Wettig, G. (1999). Berlin vor den Herausforderungen des Kalten Krieges 1945–1989. In W. Süß & R. Rytlewski (Hrsg.), *Berlin. Die Hauptstadt* (S. 157–186). Bonn: Bundeszentrale für politische Bildung.
Winterhoff, C. (2012). Blüten des Föderalismus in der Praxis – Anmerkungen eines Rechtsanwenders. In I. Härtel (Hrsg.), *Handbuch Föderalismus – Föderalismus als demokratische Rechtsordnung und Rechtskultur in Deutschland, Europa und der Welt. Bd. II: Probleme, Reformen, Perspektiven des deutschen Föderalismus* (S. 249–264). Berlin: Springer.

Springer VS

Werner Reutter *Hrsg.*

Verfassungs-gerichtsbarkeit in Bundesländern

Theoretische Perspektiven, methodische Überlegungen und empirische Befunde

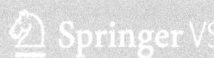

Jetzt im Springer-Shop bestellen:
springer.com/978-3-658-28960-7

The manufacturer's authorised representative in the EU is Springer Nature Customer Service Centre GmbH, Europaplatz 3, 69115 Heidelberg, Germany. If you have any concerns regarding our products, please contact ProductSafety@springernature.com

Printed and bound by CPI Group (UK) Ltd, Croydon, CR0 4YY

25/03/2026

02078226-0001